España 1931-2014
República, Guerra Civil, 25 años de Paz, Referéndum, Transición, Monarquía Liberal

Julio A. Gonzalo

Ciencia y Cultura

Madrid 2014

España:1931-2014
República, Guerra Civil, 25 años de Paz, Referéndum, Transición,
Monarquía Liberal

1ª Edición Julio 2014

© Julio A. Gonzalo

© Asociación Española Ciencia y Cultura
c/ Pavía 4, 1º D. 28013 Madrid (España)
Fax: (34) 91-4978579
www.cienciaycultura.com
E-mail: julio.gonzalo@uam.es
E-mail : aecienciaycultura@gmail.com

ISBN papel: 978-84-942740-4-6
ISBN ebook: 978-84-942740-5-3

Todos los derechos reservados. No está permitida la reproducción total o parcial de este libro, ni su tratamiento informático, ni la transmisión de ninguna forma o por cualquier medio, ya sea electrónico, mecánico, por fotocopia, por registro u otros métodos, sin el permiso previo y por escrito del editor.

DEDICATORIA

A los españoles de mi generación que, sintiéndose europeos, han perdido de vista que el mejor servicio de España a Europa ha sido siempre ser fiel a sí misma y a sus raíces católicas.

ÍNDICE

PALABRAS PREVIAS 9
I. REPÚBLICA, REVOLUCIÓN, GUERRA CIVIL 12
1931, 14 de abril: Proclamación de la República 13
1934, 5 de octubre: La Revolución de Asturias 17
1936, 16 de febrero: Elecciones Generales 22
1936, 18 de julio: Alzamiento 26
1939, 1 de abril: Victoria Nacional 29
II. DE LA VICTORIA NACIONAL AL REFERÉNDUM DE 1966 35
1939, 1 de septiembre: Segunda Guerra Mundial 36
1945, 4 de agosto: Victoria Aliada 42
1946, 9 de diciembre: La ONU contra España 48
1947, 6 de julio: La monarquía a referéndum 53
1953, 26 de septiembre: Tratado con EE.UU. 59
1962, 5-8 de junio: Munich 65
1966, 14 de diciembre: Ley Orgánica a referéndum 70
III. LA TRANSICIÓN 76
1969, 22 de julio: Don Juan Carlos jura el cargo 77

1973, 20 de diciembre: Asesinato de Carrero Blanco 83

1975, 20 de noviembre: Muerte de Franco 87

1976, 18 de noviembre: *Harakiri* de las Cortes Españolas 93

1977, 9 de abril-15 de junio: Legalización del Partido Comunista, Elecciones Generales 95

1978, 6 de diciembre: Constitución del Estado de las Autonomías 100

IV. EL ESTADO DE LAS AUTONOMÍAS HASTA HOY 108

1979, 1 de marzo: Victoria sin alas de UCD 109

1981, 23 de febrero: Conato de Golpe de Estado 111

1982, 28 de octubre: Victoria cantada del PSOE 114

1985, 11 de abril: *Despenalización* del aborto provocado 118

1991, 22 de agosto: Caída del Comunistmo Soviético 122

1996, 3 de marzo: Victoria sin alas del PP 125

2004, 11-15 de marzo: Atentado terrorista en Atocha, Victoria del PSOE 127

2011, 20 de noviembre: Nueva victoria sin alas del PP, Lo que España pudo ser… 133

2014, 23 de marzo: Fallece Adolfo Suarez 135

2014, 2 de junio: Abdicación de Juan Carlos I de Borbón, Designación de Felipe VI como sucesor 147

CONSIDERACIONES FINALES 149

APÉNDICE: JEFES DE GOBIERNO DE ESPAÑA: 1931-2014 152

PALABRAS PREVIAS

La *transición* española pudo haberse hecho mejor. No cabe duda. Echando un vistazo a la historia reciente, resulta triste y lamentable constatar cómo se fueron torciendo las cosas hasta llegar a la situación actual.

Dos años después del asesinato de Carrero Blanco, la ETA se había convertido ya en uno de los principales *motores* del cambio. Y la legalización del Partido Comunista, el Viernes Santo de 1977, fue el punto de partida para el desmantelamiento total de un Régimen, surgido de una victoria nacional indiscutible, que había servido bien a España durante cuatro décadas. Un Régimen que estaba llamado a evolucionar, naturalmente, pero que, en circunstancias difíciles, había logrado darle una cohesión, una clase media y una justicia social que no tenía en 1936.

Es posible que a muchos les parezca hoy normal aquella legalización del Partido Comunista. Para mí no está claro, ni mucho menos, por otra parte, que la reclamaran los españoles de entonces. El Partido Comunista era ilegal, como en la Alemania Federal, donde tenía que esconderse bajo la etiqueta de *Los Verdes* para comparecer electoralmente. Y a lo largo del siglo XX, el Comunismo ha sido en todo el mundo el mayor enemigo de la libertad y de la democracia, con más de cien millones de víctimas a sus espaldas.

Por alguna razón ha colado entre nosotros eso de que el Partido Comunista fue el que «nos trajo la libertad y la democracia». Una libertad y una democracia cada vez más irresponsables.

La *transición* (rey, autonomías, leyes electorales) está hoy en tela de juicio para la mayoría de los españoles. Y gran parte de los que no habían nacido en 1975, o no tenían uso de razón entonces, han recibido una versión totalmente distorsionada de los hechos que, entre 1973 y 1978, precedieron, acompañaron y siguieron a esa *transición*.

En estas páginas trato de dar un repaso a lo que realmente pasó en las fechas clave de la reciente historia de España.

En 1975 el recién jurado Rey, Don Juan Carlos de Borbón, necesitaba personas clave para poder llevar a cabo (con determinación, no exenta de descaro) la transición de una España nacional (residualmente) a una España liberal-capitalista con incrustaciones marxistas y separatistas, más a tono con Europa. No encontró grandes dificultades para ello: encontró a Suárez aparentemente falangista y liberal, para desmantelar lo poco que quedaba del régimen anterior; a Gutiérrez Mellado, para domesticar el Ejército si hubiere lugar (ni siquiera lo hubo, desafortunadamente), y a Felipe González, sevillano, joven y simpático él, para sacar de la nada una oposición más o menos descafeinada, que pronto se vio era desfavorable para los verdaderos intereses españoles. El detalle de traer a última hora a don Santiago Carrillo, con peluca, no era siquiera necesario en aquel momento. Más adelante, tendría consecuencias desfavorables para España, como era perfectamente previsible.

En su larga historia, España ha tenido solo dos experiencias republicanas, tan breves como desastrosas, que apenas cuentan en tan larga historia. A lo largo de los años ha tenido de todo: Reyes buenos (San Fernando, Isabel la Católica, Carlos I, Felipe II…); regulares (bastantes, sin entrar en detalle), y malos, o muy malos.

Pero si la Monarquía Española se funda en la Tradición, como debe ser, no será nunca una monarquía absolutista ni una monarquía liberal, en el sentido laico de la palabra.

Para establecerla sobre bases firmes se necesitarían unas Cortes verdaderamente representativas: ahí está la cuestión.

(En mi modesta opinión, los partidos políticos nunca han sido buenos cauces para canalizar la opinión pública en España.)

La calidad moral del monarca reinante en un momento dado podría pasar a un segundo plano en una Monarquía tradicional sólidamente constituida. Tampoco cabría descartar, naturalmente, una República Española fundamentada en la Tradición, con cauces de representación distintos de los partidos que tan flacos servicios han prestado a España

John Adams, uno de los padres de la Constitución de los Estados Unidos (una Constitución de fundamentos cristianos evidentes) dijo :

«La Religión y la Virtud son los únicos fundamentos, no solo del Republicanismo y de todo Gobierno libre, sino de la felicidad social bajo cualquier Gobierno y en toda circunstancia». (Citado por Newt Gingrich en *Rediscovering God in America*, published by Thomas Nelson: Nashville, Tennessee, 2006).

Hace cien años un gran español ,Don Marcelino Menéndez y Pelayo, decía:

"Hoy presenciamos el lento suicidio de un pueblo que, engañado mil veces por gárrulos sofistas, empobrecido, mermado y desolado, emplea en destrozarse las pocas fuerzas que la restan, y corriendo tras vanos trampantojos de una falsa y postiza cultura, en vez de cultivar su propio espíritu, que es lo único que ennoblece a las razas y a las gentes, hace espantosa liquidación de su pasado, escarnece a cada momento las sombras de sus progenitors, huye de todo contacto con su pensamiento, reniega de cuanto en la historia los hizo grandes, arroja a los cuatro vientos su riqueza artistica y contempla con ojos estúpidos la destrucción de la única España que el mundo conoce, de la única cuyo recuerdo tiene virtud bastante para retardar su agonía."

("Historia de España", p. 343)

I

REPÚBLICA, REVOLUCIÓN, GUERRA CIVIL

1931, 14 de abril: Proclamación de la República

1934, 5 de octubre: Revolución de Asturias

1936, 16 de febrero: Elecciones Generales

1936, 18 de julio: Alzamiento

1939, 1 de abril: Victoria Nacional

1931, 14 DE ABRIL: PROCLAMACIÓN DE LA REPÚBLICA

El 13 de septiembre de 1923, el Capitán General de Barcelona, don Miguel Primo de Rivera, ante la crítica situación, daba un golpe de Estado con la plena aprobación del Rey. La Dictadura de Primo de Rivera contó inicialmente con el respaldo de amplios sectores de la sociedad española, incluidos destacados intelectuales como don José Ortega y Gasset. También contó con la aquiescencia de la UGT socialista, que marcaba distancias así con la anarquista CNT. Primo de Rivera se comprometió en primer lugar a restablecer el orden social. Y se comprometió también a poner fin a la guerra de África. Y a poner en marcha reformas inspiradas en el *regeneracionismo* de Joaquín Costa. Su gobierno se propuso dar poderes efectivos a los municipios, algo que lo partidos políticos turnantes habían sido incapaces de llevar a la práctica. Y emprendió un vasto programa de obras públicas para estimular el despegue económico. Se mejoraron los ferrocarriles siguiendo planes del político catalanista Cambó. Se mejoró sustancialmente la red de carreteras. Calvo Sotelo, ministro de Hacienda, reformó el sistema impositivo, y lo hizo a pesar de la resistencia de las clases más elevadas. La banca española se opuso decididamente a las políticas financieras de Calvo Sotelo.

Aunque Primo de Rivera tuvo éxitos iniciales, restableciendo el orden social y solucionando el problema de la guerra en Marruecos en colaboración con Francia, la coyuntura económica internacional empeoró claramente. Por otra parte, las restricciones impuestas al uso del catalán provocaron una desproporcionada reacción. Y las confrontaciones internas en el Ejército, protagonizadas por el arma de Artillería, fueron demasiado lejos. En 1928, los políticos profesionales estaban ya ansiosos de volver al poder. En 1929 se sublevó una unidad de Artillería, y Primo de Rivera se dio cuenta de que tanto el Ejército como la oposición se habían vuelto contra él.

El Rey le llamó a Palacio, y Primo de Rivera pidió ser relevado del mando.

A los pocos meses se convocaron las elecciones municipales del 12 de abril de 1931. Resultaron elegidos 41.224 candidatos monárquicos y 39.248 republicanos. Éstos lo fueron mayoritariamente en las grandes ciudades. Se empezaba a dibujar así una división entre la España rural, más conservadora, y la España urbana, en la que buena parte del proletariado, socialmente desprotegido, y en una coyuntura económica desfavorable, era víctima de la propaganda marxista y anarquista, que incitaba a la lucha de clases y a la confrontación directa con las autoridades. La Seguridad Social era todavía cosa del futuro.

Ante el hecho consumado de que en Barcelona y en Sevilla se había proclamado la República, el rey Alfonso XIII decide abandonar España con su familia el 14 de abril a las 6:30. Don Miguel Maura, en nombre del Comité Nacional Revolucionario, se abre paso entre la multitud y se hace cargo del gobierno provisional en el Ministerio de Gobernación.

A pesar de que la experiencia de la Primera República había sido nefasta, sin paliativos, amplios sectores de la sociedad, sobre todo jóvenes, acogen la Segunda República con esperanza. Pero esa esperanza no era unánime: el recuerdo de la *Semana trágica* de Barcelona y el auge del separatismo en Cataluña y Vascongadas despertaban recelos bien fundados, y la radicalización de los movimientos obreros marxistas (UGT) y anarquistas (CNT) no auguraba nada bueno. Tres jefes de gobierno habían sido asesinados por pistoleros revolucionarios desde fines del siglo XIX: Cánovas del Castillo (1897), Canalejas (1912) y Dato (1921).

Las buenas expectativas habían sido fomentadas en aquel momento por el manifiesto a favor de la República de Marañón, Ortega y Gasset y Pérez de Ayala. Pero, pronto, ante el sectarismo irresponsable del primer Gobierno de la República, los tres manifestaron su rechazo: «No es esto, no es esto...», dijo Ortega por entonces.

Según George Hills (*Monarquía, República y Franquismo: 1868-1974* [Editorial San Martín: Madrid, 1975]), por aquel tiempo, los que habían hecho del ateísmo una religión militante (marxistas, anarquistas y masones) eran, como mucho, un 10% de la población. Había otro 10% fuertemente anticlerical. Los católicos practicantes estrictos eran otro 20%, pero el 60% restante se consideraba católico, y, en su gran mayoría, se casaba por la Iglesia, bautizaba a sus hijos, prefería enviarlos a colegios religiosos y enterraba a sus muertos en cementerios católicos bajo el amparo de la Cruz.

¿Por qué, entonces, fue, desde el primer momento, tan sectaria y anticatólica la Segunda República?

El 14 de abril, al hacerse cargo del gobierno el Comité revolucionario, ya habían decidido entre ellos cómo se iban a repartir los Ministerios. Eran tres socialistas: Indalecio Prieto (Hacienda), Largo Caballero (Trabajo) y Fernando de los Ríos (Gracia y Justicia). Otros cinco estaban vinculados con Prieto por lazos muy estrechos: los solemnes juramentos de la Masonería española. Lerroux (Estado) se había moderado mucho desde que fundara en su juventud el Partido Radical. Martínez Barrios (Comunicaciones) era entonces el Gran Oriente de la Masonería Española. Albornoz (Fomento), Marcelino Domingo (Instrucción Pública) y Casares Quiroga (Marina) eran también masones. Y otro hombre que no fue masón hasta 1932, Manuel Azaña (Guerra), había sido Secretario del Ateneo y tendría más adelante gran protagonismo, al convertirse en el sucesor de Alcalá Zamora (Presidente), que era considerado católico, pero pronto se vio que su catolicismo era poco representativo. El nacionalismo vasco, confesionalmente católico, por el momento no recibió el visto bueno para estar representado en el Gobierno. Nicolau d'Olwer (Economía), catalán, agnóstico y de tendencias republicanas, fue el ministro más joven de aquel primer Gobierno de la República.

El primer borrador de la Constitución, una mezcla de las de México (1917), la Rusia Soviética (1918) y la República de Weimar (1919), fue elaborado por Jiménez de Asúa, socialista. Solo tardó tres meses en ser aprobada, con algunos retoques.

Ya en mayo de 1931 se produjeron las primeras quemas de iglesias y conventos: 46 en Madrid, Málaga y otras ciudades españolas. Se dio orden a la Guardia Civil de no intervenir, pero al final hubo que dar contraorden.

Se prohibieron las órdenes religiosas dedicadas a la enseñanza. Se expulsó a los jesuitas por su cuarto voto de obediencia al Papa. Marcelino Domingo hizo quitar los crucifijos de las escuelas y prohibió que se rezara en las mismas. El gobierno declaró su propósito de secularizar los cementerios, introducir el divorcio por consenso y establecer la enseñanza laica como única en el país.

A pesar de que los obispos españoles, en su gran mayoría, aconsejaron a sus fieles la aceptación del Gobierno de la República como hecho consumado, la nota distintiva fue la lucha de clases y la persecución anticatólica desde el primer momento.

La Segunda República, como la Primera, empezó con mal pie.

Dicen que don Julio Palacios, profesor mío de Termodinámica en la Universidad Complutense, aragonés y muy monárquico, fue a clase aquel 14 de abril y les dijo a sus alumnos: «Yo ayer era monárquico. Hoy lo soy mucho más... Esperen ustedes y verán».

1934, 5 DE OCTUBRE: LA REVOLUCIÓN DE ASTURIAS

Después de proclamada la Segunda República Española, el 14 de abril de 1931, se suceden dos años y medio de gobiernos y mayorías parlamentarias republicanas y socialistas que, desde el primer momento, muestran su carácter sectario y anticatólico a pesar de que la jerarquía de la Iglesia trataba de mantenerse en una postura no beligerante. Como hemos dicho, se queman iglesias en Madrid y en otras ciudades, se pone trabas a la actividad de las órdenes religiosas y se expulsa a la Compañía de Jesús.

El 19 de noviembre de 1933 se celebran elecciones generales con el siguiente resultado: 375 escaños para el centro-derecha y 95 para la izquierda. El partido más votado es la CEDA (Confederación Española de Derechas Autónomas), cuyo líder es José María Gil Robles, que consigue 115 escaños ella sola. El PSOE (Partido Socialista Obrero Español) consigue 70 escaños, a los que se pueden sumar otros 38 escaños afines de izquierda, incluyendo un escaño de Partido Comunista.

La reacción de la izquierda no se hace esperar. No acepta los resultados con el pretexto de que la CEDA (que oficialmente se proclama indiferente a la forma de gobierno, República o Monarquía) va contra la República, y amenaza con provocar la violencia social si dicho partido participa en el nuevo gobierno. Se forma, entonces, un Gobierno presidido por Lerroux, antiguo radical socialista que ha evolucionado a posiciones más moderadas, y dura diez meses.

El 5 de octubre de 1934 se declara la huelga general revolucionaria, convocada por los partidos de extrema izquierda. Se trata de un asalto al poder que no cuajó en Madrid, ni en Barcelona (donde el gobierno autonómico llegó a proclamar fugazmente la independencia de Cataluña) pero sí en Asturias, donde los mineros azuzados por los líderes socialistas y comunistas llegaron a hacerse con el poder fáctico, «siguiendo el glorioso ejemplo de los trabajadores de la Unión Soviética que, bajo la dirección del partido bolchevique y de su jefe inmortal, Lenin, consiguieron el triunfo de los obreros y campesinos en la Rusia zarista», como rezaba la propaganda revolucionaria.

Prueba de ello es el siguiente *Bando* que llama al alistamiento y a la movilización, recogido por A. Palomino en *1934. La guerra civil empezó en Asturias* (Planeta: Barcelona, 1998), p. 19.

Hacemos saber: Desde la aparición de este bando queda constituido el Ejército Rojo, pudiendo pertenecer a él todos los trabajadores que estén dispuestos a defender con su sangre los intereses de nuestra clase proletaria.

Este ejército quedará compuesto y se dirigirá en la forma siguiente:

1.º Todos los que hayan cumplido los dieciocho años hasta treinta y cinco, pueden inscribirse al Ejército Rojo.

2.º Una vez ingresados en filas, tendrán que observar una férrea disciplina.

3.º Las deserciones o desobediencias al mando serán castigadas con severidad.

4.º Quedan excluidos de pertenecer al Ejército Rojo aquellos que hayan pertenecido a la clase explotadora.

[...]

El Comité Revolucionario

Los milicianos rojos, en gran parte mineros, acostumbrados a usar la dinamita, pronto se apoderan de 400 ametralladores y varios cañones de la fábrica de armas de Oviedo. La Cámara

Santa de la Catedral de Oviedo es dinamitada y saqueada. Se producen violentísimos desmanes. En pocos días, cerca de cincuenta sacerdotes y religiosos son asesinados, por el mero hecho de serlo, así como otras muchas personas cuyo delito más notorio era ir a Misa. Un mal presagio de lo que iba a ocurrir en media España casi dos años después. El Gobierno de la República, presidido entonces por Lerroux, envía fuerzas procedentes de otras provincias y de Marruecos, y la revolución queda dominada el 15 de octubre. Muertos civiles, 1.051; heridos, 2.000; muertos por las fuerzas armadas, 321; heridos, 870; desaparecidos, 7. Toda la ciudad de Oviedo quedó seriamente dañada y parcialmente destruida.

En su testamento político, D. Claudio Sánchez Albornoz, presidente de la República en el exilio e historiador notable, afirma tajantemente: «La Revolución de Octubre, lo he dicho y lo he escrito muchas veces, acabó con la República».

Cierto: pero la versión de la Revolución de Octubre (y la de la Guerra Civil) que ha persistido a través de los años, y es hoy mismo la más común, es la de que los mineros asturianos lucharon por la libertad y que fueron reprimidos por un gobierno de extrema derecha (ver, por ejemplo, *A History of Christianity*, p.480, de Paul Johnson, autor de numerosos *best-sellers*). Claro que Johnson se deja llevar en este caso por la opinión de Xavier Tusell (*Historia de la Democracia Cristiana en España*, Madrid, 1975). Otros autores españoles (Madariaga, Luis Suárez, Ricardo de la Cierva, Pío Moa, Vizcaíno Casas) y extranjeros (Chesterton, Dawson, Hills, Crozier, Payne) difieren de la opinión de Johnson, en este caso.

Merece la pena traer aquí a colación una extensa cita de Chesterton, clarividente, que fue capaz de ver, como nadie, lo que se estaba fraguando en España aquel octubre de 1934. Chesterton muere en 1936, meses antes del Alzamiento, pero parece como si se estuviera anticipando a verlo venir ya en 1934.

El caso de España

...El Papa había insistido en particular en que no había objeción a la República [española] como tal; no había oposición a nada excepto a ciertos ideales inhumanos, por los cuales los hombres pueden perder su humanidad al perder libertad personal y propiedad. Bien, en un intercambio intelectual perfectamente limpio y abierto, en el que los liberales se supone que creen, los ideales católicos ganaron [se refiere a las Elecciones Generales de 1933 en España, N. del T.]. En una elección enteramente pacífica y legal, exactamente como en cualquier elección inglesa, una gran mayoría votó en grados diversos por las verdades tradicionales, que habían sido las normales para la nación a lo largo de más de mil años. España habló, si es que las elecciones pueden hablar, y se declaró constitucionalmente contra el Comunismo, contra el Ateísmo, contra la negación de esa normalidad menesterosa de nuestro tiempo. Nadie dijo que esa mayoría se había logrado por la violencia militar. Nadie pretendió que una minoría armada la había impuesto al Estado. Si la teoría liberal de las mayorías parlamentarias era justa, ésta era justa. Si el sistema parlamentario era popular, éste era popular. Y, entonces, de repente, los socialistas saltaron e hicieron exactamente todo lo que los fascistas eran acusados de hacer. Hicieron uso de bombas y armas, y de instrumentos de violencia para prevenir que se cumpliera la voluntad del pueblo, o al menos la voluntad del Parlamento. Habiendo perdido el juego por las reglas de la democracia, trataron de ganarlo de todas formas por las reglas de la guerra; en este caso, de la guerra civil. Ellos trataron de desbancar el Parlamento por medio de un *coup d'état* militar. En pocas palabras, se comportaron exactamente como Mussolini; o más bien, hicieron lo peor que se atribuye a Mussolini, y sin un andrajo que pudiera servirles de excusa teórica.

¿Y qué dijeron los liberales? ¿Qué hicieron mis queridos viejos amigos de la libertad y de la ciudadanía pacífica? Naturalmente, supuse, al desplegar el periódico, que éstos se lanzarían a la defensa del Parlamento y del pacífico gobierno representativo, y que rechazarían el intento de hacer dominante a una minoría por la mera violencia militar. Imaginen mi asombro cuando encontré a los liberales lamentando en voz alta el desafortunado fracaso de los socialistas fascistas en darle la vuelta al resultado de unas elecciones generales. Yo había sido un liberal en los viejos días; no nos resultaba extraño (ser derrotados) entonces con victorias *Tories* y unionistas en las elecciones; y habíamos ido contentos a la oposición. [...] La única inferencia legitima que se podía sacar era que el liberalismo se oponía a los militaristas cuando estos eran fascistas; pero que aprobaba a los fascistas si ellos eran socialistas.

Ahora bien, esto es un asunto pequeño y puramente político. Pero para mí era muy revelador. Me demostraba claramente la verdad fundamental del mundo moderno. Y es ésta: no hay fascistas; no hay socialistas; no hay liberales, no hay parlamentarios. Hay solo una única institución supremamente irritante e inspiradora en el mundo [G.K.C. se refiere aquí a la Iglesia Católica, N. del T.], y por otra parte están sus enemigos. Sus enemigos están listos a ponerse al lado de la violencia o contra la violencia, por la libertad o contra la libertad, por la representación o contra la representación; y aun por la paz o contra la paz. Ello me dio una certeza enteramente nueva, aun en el sentido práctico y político, de que yo había elegido bien [al unirse a la Iglesia Católica, N. del T.].

G. K. Chesterton

1936, 16 DE FEBRERO: ELECCIONES GENERALES

Después de la revolución de octubre de 1934, el Gobierno de Lerroux declaró culpables de alta traición a Ricart, Pérez Farrás y otros dieciocho militares en activo que se rebelaron en Barcelona contra la República por una Cataluña independiente. El presidente Alcalá Zamora intervino entonces y reclamó que toda sentencia de muerte debía ser confirmada por el Tribunal Supremo. Gil Robles se opuso, argumentando que la no aplicación de la ley en todo su rigor a los jefes militares encausados equivaldría a la destrucción de toda legalidad. El líder monárquico Calvo Sotelo, que fuera ministro de Hacienda en la dictadura de Primo de Rivera, diría entonces: «Entre una España roja y una España rota prefiero la primera».

Prieto, que había declarado su arrepentimiento por apoyar la revolución de octubre, había huido a Francia, y defendió desde allí la conmutación de las sentencias de muerte a los militares catalanes separatistas esperando presumiblemente que también

Largo Caballero y González Peña, cuya culpabilidad estaba fuera de duda, pudieran librarse del fusilamiento. Alcalá Zamora era apoyado en sus gestiones conciliadoras por el cardenal Vidal y Barraquer, arzobispo de Tarragona, y por otros líderes destacados del centro-derecha catalán, incluido Cambó, que no veía con buenos ojos en política hacer *mártires*.

Durante cierto tiempo el gobierno quedó paralizado, mientras el Consejo de Ministros discutía con el presidente de la República la concesión de indultos. El 1 de noviembre, tras un discurso de tres horas, Alcalá Zamora declaró, unilateralmente, que si no se conmutaba la pena de muerte a Pérez Farrás, disolvería el gobierno. No estaba claro, ni mucho menos, que tuviera atribuciones constitucionales para hacerlo, teniendo en cuenta que, además, la alternativa era un gobierno de izquierdas en franca minoría en las Cortes, y que Azaña estaba bajo arresto por presunta complicidad con Companys en la intentona separatista. Gil Robles veía entonces el problema como una disyuntiva entre dos males mayores: una guerra civil o un compromiso con la izquierda revolucionaria que inevitablemente la iba a envalentonar para intentar de nuevo la revolución, como efectivamente fue el caso. Su intervención fue importante para que finalmente se conmutara la pena de muerte a Pérez Farrás y a los otros. La subsiguiente *suspensión* del estatuto catalán, una suspensión de compromiso, no satisfizo a nadie.

Años después, Salvador de Madariaga comentaría que en la política española, la izquierda había traicionado repetidamente a la izquierda, y algo parecido podría decirse de la derecha, a la vista de cómo se desarrollaron los acontecimientos después del 34. El 14 de febrero de 1935 González Peña compareció a juicio. No había duda de que él había sido el comandante en jefe de la revolución en Asturias y que Largo Caballero había sido el organizador y promotor a nivel nacional. Ambos fueron condenados a muerte. Alcalá Zamora y el Tribunal Supremo recomendaron el indulto. Por su parte, la CEDA argumentó que si dos subalternos (un sargento desertor con armas y un bandido transformado en revolucionario) habían sido condenados y fusilados, era injusto indultar a los jefes principales de la revolución.

Tras un mes de discusiones en el seno del gobierno y con Alcalá Zamora presidente el gobierno cayó, y aunque la JAP (Juventud de Acción Popular) exigió *plenos poderes* para Gil Robles, Alcalá Zamora no estaba dispuesto a concesiones. Después de Semana Santa, las Cortes reabrieron las puertas. Se confirmó el veredicto del Tribunal Supremo, exonerando a Azaña de toda responsabilidad en los sucesos de Cataluña.

Por entonces, Prieto, todavía exiliado en Francia, estaba abogando en una serie de artículos por una coalición de izquierdas para ir juntas a las próximas elecciones, que se consideraban ya inminentes. Por su parte, Gil Robles preparaba a su Acción Popular y a la CEDA para la próxima campaña electoral. En un principio pensó en obligar a Alcalá Zamora a disolver las Cortes, pero pronto cayó en la cuenta de que éste era muy capaz de recurrir a políticos de izquierda amigos suyos para gobernar durante el período preelectoral.

La unión de la izquierda revolucionaria, socialistas, comunistas y anarquistas en el Frente Popular, siguiendo consignas de la Internacional Comunista, y la desunión de la derecha, en una contienda en que la izquierda solo admitía como posible un resultado (el triunfo del Frente Popular) por las buenas o por las malas, dieron un carácter dramático a las elecciones generales de febrero de 1936.

Las elecciones tuvieron lugar en un clima enrarecido y, en muchas circunscripciones, el Frente Popular se proclamó vencedor antes de terminarse el recuento. A pesar de ello, Salvador de Madariaga, de convicciones republicanas, dio los siguientes resultados: Frente Popular, 4.305.400 votos; Centro y Derecha, 4.464.648 votos. Sin embargo, como veremos, tras una serie de manipulaciones impresentables, las nuevas Cortes quedaron constituidas con una clara mayoría de escaños adjudicados al Frente Popular.

Francisco Cambó, destacado político catalán, en un interesante artículo publicado en *The Daily Telegraph* de Londres, el 28 de diciembre de 1936, dice así:

> A pesar de que, durante los días 17 y 18 [de febrero], las fuerzas de la derecha y de la izquierda estaban igualadas, surgió una situación anárquica. En estas circunstancias se ofreció el Gobierno del Frente Popular a Manuel Azaña. Entre tanto, resultó que el

Frente Popular no alcanzó la mayoría absoluta. A fin de conseguir esa mayoría, los días 19 y 20 de febrero, gran número de actas de los escrutinios fueron falsificadas.

Mucho después, Alcalá Zamora, en sus *Memorias*, relata que el presidente de la Comisión de Actas del Congreso de los Diputados, Indalecio Prieto, dimitió de dicha Presidencia ante el gran número de falsificaciones que se estaban cometiendo.

Continúa Cambó:

A pesar de estos procedimientos ilegales, no se llegó a obtener la mayoría. Con objeto de conseguirla, se aplazó el escrutinio de algunas provincias para hacer más falsificaciones. Gracias a ello obtuvieron una mayoría de 10 ó 12 escaños. Azaña aprovechó su insignificante mayoría conseguida fraudulentamente para anular las elecciones en algunas provincias donde el Frente Popular había fracasado. Se celebraron nuevas elecciones, durante las cuales los excesos del populacho tuvieron el respaldo de las autoridades y dieron, por fin, al Frente Popular la base parlamentaria que los votos del electorado español no les había concedido.

De lo cual Cambó concluye lo siguiente:

Estas ilegalidades aceleraron el proceso de desorganización social que atravesaba España desde el 17 de febrero; se desvirtuó la ley, se ridiculizó la Constitución y así fue como comenzó la Guerra Civil Española. Con agresiones contra la propiedad privada, el asesinato de empresarios, la quema de iglesias y la persecución de gente de derechas. El Gobierno de Casares Quiroga estaba bajo el control absoluto de los socialistas, los comunistas y los anarquistas. Cuando las Cortes le pidieron que pusiera fin a aquel estado de guerra civil en que se encontraban unas cuantas provincias, contestó Casares Quiroga que el gobierno contemplaba aquellas luchas no como juez sino como parte beligerante. Todo esto culminó con el asesinato del líder de la derecha, Calvo Sotelo, cometido por policías de uniforme.

Recogido por Laureano López Rodó, catedrático de derecho Administrativo, exministro y académico, en su conferencia dentro del Curso de Verano de 1992 de la Universidad Complutense de Madrid dedicado a *Franco y su época*, dirigido por Luis Suárez, y publicado en *Actas*, Madrid, 1993.

1936, 18 DE JULIO: ALZAMIENTO

Salvador de Madariaga, poco sospechoso de simpatía a los sucesivos gobiernos de Franco de 1936 a 1975, en una conferencia pronunciada en Barcelona el 15 de junio de 1976, justificó el Alzamiento del 18 de julio afirmando que el Ejército se había alzado contra una República fracasada.

José María Pemán, un monárquico convencido, partidario decidido del Alzamiento en aquellos primeros años, dice:

El 18 de julio no fue ni una sublevación ni un golpe militar. Hay abundantes textos de Lerroux, Azaña, Alcalá Zamora, Ortega y Gasset y Marañón que así lo han reconocido. Nadie se sublevó – porque no existía– contra una democracia organizada y legal. La rebelión había empezado ya hacía años en la Constitución misma, en las Cortes y en toda la vida española.

Francisco Cambó se pregunta:

¿Había llegado la hora de que el Ejército interviniera? Todas las dudas se disiparon cuando se descubrió que la FAI (Federación Anarquista Ibérica) lo tenía todo preparado para intervenir revolucionariamente. Ante la evidencia de estos hechos hay que reconocer que España había llegado a un punto en que la rebelión contra el Gobierno constituía no solo una necesidad sino también un deber patriótico.

[...]

Si el Alzamiento Nacional fracasara, no hay la menor duda de que se establecería en España una República Soviética gobernada desde Moscú, totalmente absorbida en la esfera política de la URSS.

Ni Madariaga, ni Pemán ni Cambó eran *fascistas* ni cosa que se le parezca. Madariaga era un republicano moderado; Pemán, un monárquico bastante entusiasta, y Cambó, un catalanista conservador moderado.

Nada mejor, como hace López Rodó en la conferencia, que traer a colación, con motivo del Alzamiento Nacional, aquellas sabias palabras de Cervantes (*Don Quijote*, 2.ª parte, capítulo XXVII):

Los varones prudentes, las repúblicas bien concertadas, por cuatro cosas han de tomar las armas y desenvainar las espadas, y poner a riesgo sus personas, vidas y haciendas. La primera, por defender la fe católica; la segunda, por defender su vida, que es de ley natural y divina; la tercera, en defensa de su honra, de su familia y hacienda; la cuarta en servicio de su rey en guerra justa, y si le quisiéramos añadir una quinta (que se puede anotar por segunda), es en defensa de su patria.

En julio de 1936, España estaba dividida en dos mitades irreconciliables. En la media España que se sublevó contra el Gobierno de la República (del que se había apoderado la otra media España revolucionaria) había tradicionalistas, falangistas, monárquicos de Renovación Española, demócrata-cristianos de distintos colores, y republicanos partidarios del orden y la justicia social. El Alzamiento fue el clarinazo que despertó a todos ellos, que tenían como denominador común su fe católica y su amor a la patria, aunque estuvieran en desacuerdo en todo lo demás.

A partir del Alzamiento y a lo largo de una durísima guerra civil, una guerra mundial en la que Franco fue capaz de defender con uñas y dientes la neutralidad española, y un largo ostracismo internacional, hasta el comienzo de la *Guerra Fría* abierta, en la que España, por su posición geoestratégica, no podía quedar al margen, la media España nacional permaneció unida, y los sucesivos gobiernos de Franco fueron capaces de conseguir el apoyo, más o menos decidido, de gran parte de la España que en 1936 se había alineado con la izquierda revolucionaria. Por otra parte, esa media España que fue en un principio adicta a una izquierda, en la que los republicanos de centro-izquierda tuvieron muy poco que decir, estuvo unida al principio bajo la batuta de los comunistas y de la Unión Soviética, pero pronto los anarquistas, que eran muy numerosos y valientes, se resistieron (sobre todo en Barcelona), a dejarse llevar por los social-comunistas. Ello fue una verdadera bendición para España entera (nacionales y rojos) ya que, a la larga, aun teniendo en sus manos inicialmente todos los recursos del poder y el apoyo de los futuros ganadores de la Segunda Guerra Mundial, una España nacional, unida a las órdenes de Franco, que se mostró siempre prudente y moderado en sus decisiones políticas, y fue capaz de alcanzar la victoria en unas condiciones muy difíciles.

Como diría más adelante el propio Azaña, Franco no se había rebelado contra la República, sino contra la chusma que se había apoderado de la República. Y gracias a él, y, por supuesto, a esos muchos tradicionalistas, falangistas, monárquicos, democristianos y republicanos de orden que le apoyaron incondicionalmente durante muchos años, España pudo levantar cabeza y llegar a ser un país respetado en el concierto internacional. Y le cupo el honor, que ya nadie podrá quitarle, de ser el país (un país católico) en el que el comunismo soviético fue derrotado por primera vez en el campo de batalla.

1939, 1 DE ABRIL: VICTORIA NACIONAL

Las fuerzas nacionales fueron tomando a lo largo de 1937 Málaga (en febrero); Bilbao (en junio); Santander (en agosto), y Asturias (en octubre). El Ejército Rojo lanzó poderosas ofensivas en Brunete (en julio) y en Belchite (en agosto-septiembre), pero la encarnizada resistencia de los nacionales, requetés y falangistas, las hizo fracasar. En Teruel, un saliente en la línea divisoria entre la zona nacional y la zona roja, la ofensiva republicana tuvo éxito (diciembre de 1937) y esta capital fue conquistada para el Ejército Rojo. Pero por poco tiempo: la contraofensiva nacional recuperó Teruel el 23 de febrero de 1938.

El 9 de mayo de 1938, el Gobierno de Franco promulgó su primera ley fundamental: el *Fuero del Trabajo*.

El *Fuero*, magna carta del trabajador español, promulgado con la sana intención de superar la *lucha de clases*, que estaba llevando a los trabajadores, y a España, a la ruina, comienza con estas palabras, que reflejan, naturalmente, la terminología y el estilo de aquel momento, pero en absoluto el espíritu del fascismo italiano, o del nazismo alemán, basados ambos como estaban en principios paganos:

> Renovando la Tradición Católica de Justicia Social y alto sentido humano que informó nuestra legislación del Imperio, el Estado Nacional, en cuanto es instrumento totalitario al servicio de la integridad patria, y sindicalista en cuanto representa una reacción contra el capitalismo liberal y el materialismo marxista, emprende la tarea de realizar –con aire militar, constructivo y gravemente religioso– la Revolución que España tiene pendiente y que ha de devolver a los españoles, de una vez y para siempre, la Patria, el Pan y la Justicia.

George Hills, en su libro *Monarquía, República y Franquismo: 1868-1974* (Editorial San Martín: Madrid, 1975), resume bien los principios inspiradores del Fuero de los Españoles:

a) El derecho a trabajar es consecuencia del deber impuesto al hombre por Dios, para el cumplimiento de sus fines individuales y la prosperidad y grandeza de la Patria.

b) Por ser esencialmente personal y humano, el trabajo no puede reducirse a un concepto material de mercancía, ni ser objeto de transacción incompatible con la dignidad personal de quien lo preste.

c) Por ser esencial a la naturaleza humana, todos los hombres tienen derecho al trabajo.

d) El trabajo, como deber social, será exigido inexcusablemente, en cualquiera de sus formas, a todos los españoles no impedidos, estimándolo tributo obligado al patrimonio nacional.

e) Por consiguiente, por una parte, el Estado tiene el deber de garantizar que exista un puesto de trabajo para todos los hombres y la capacitación que le permita realizarlo y por otra, puede exigir que los hombres trabajen en la forma que beneficie al ser humano.

f) Nuevamente, es deber del Estado garantizar que el trabajo se considere con la estima que merece: debe ser *exaltado* para recibir la debida veneración; pero es igualmente deber del Estado velar por que el trabajo disponible sea digno de un ser humano, se desarrolle en las circunstancias apropiadas y se recompense adecuadamente, y por que el trabajador sea protegido en el paro involuntario, la enfermedad y la vejez.

1939, 1 DE ABRIL: VICTORIA NACIONAL

Estos principios estuvieron vigentes durante veintinueve años en España y mejoraron, sustancialmente, sin duda, las condiciones laborales de los trabajadores españoles, sobre todo después de los primeros años de penuria producida por las secuelas de la Guerra Civil y las escaseces debidas a la Guerra Mundial. El derecho, en principio, a una retribución suficiente para proporcionar al trabajador y su familia una vida digna, el derecho al subsidio familiar, las vacaciones retribuidas, los servicios sociales, las pagas extraordinarias de julio y diciembre, la protección legal contra el desahucio, y una reforma agraria lenta pero eficaz tras la emigración masiva del campo a las grandes concentraciones urbanas. La puesta en marcha de una Seguridad Social comparable a las más avanzadas de los países europeos es algo que reconocen los líderes sindicales serios de la izquierda actual, al comprobar que, después de Franco, en los sucesivos gobiernos turnantes de derechas e izquierdas, las condiciones sociales no han mejorado, sino todo lo contrario. Quizá con el correr de los años habría sido oportuno introducir, con las debidas cautelas, el derecho de huelga, y de libre asociación de los trabajadores. Pero los hoy tan denostados sindicatos verticales, en los que colaboraron, junto a los falangistas, muchos antiguos anarquistas y algunos socialistas, contribuyeron a ir creando una extensa clase media, que no existía antes de la guerra.

Todo ello, unido al *boom* turístico y a las remesas enviadas por medio millón de españoles absorbidos por la demanda de mano de obra en Europa en los años sesenta y setenta, contribuyeron indiscutiblemente a mejorar las condiciones laborales de los trabajadores españoles.

* * *

Pero volvamos a 1939.

La batalla del Ebro, comenzada el 25 de julio del año anterior, cien kilómetros más arriba de la desembocadura, fue planteada como una última gran ofensiva para derrotar al Ejército nacional. Todos los mandos divisionarios y todos los comandantes de brigadas, menos dos, eran comunistas. Líster había conducido el ataque inicial avanzando treinta y tantos kilómetros el primer día, pero las fuerzas nacionales, comandadas por Yagüe, le había echado el alto pronto en Gandesa. Los nacionales trajeron pronto toda la artillería disponible, con la cual machacaron al enemigo día tras día en medio del calor asfixiante de agosto. A partir del 14, Yagüe empezó a hacer contraataques periódicos y el 3 de septiembre, con dos cuerpos de ejército empujó al enemigo, recuperando casi todo el territorio perdido. El 23 de diciembre, 300.000 soldados nacionales atravesaron el Ebro y entraron en Cataluña, casi sin encontrar resistencia. Un mes más tarde, el 25 de enero de 1939, Barcelona fue conquistada casi sin derramamiento de sangre. Los documentales gráficos de la época muestran que gran parte de la población civil de la ciudad condal recibió con entusiasmo a los soldados de Yagüe. Siguió un tremendo éxodo, cerca de 400.000 personas, que cruzaron la frontera con Francia. Muchos tenían buenas razones para ello, teniendo en cuenta la gran cantidad de crímenes cometidos en Cataluña. Otros eran inocentes de estos crímenes, pero habían sido aterrorizados por la propaganda roja. Gran parte de los refugiados habían vuelto silenciosamente a España antes de un año.

Azaña presentó su dimisión como Presidente de la República y la mayoría de los miembros del Gobierno habían aceptado la derrota. Pero Negrín seguía en sus trece, inútilmente, pensando que el estallido de la Segunda Guerra Mundial podría salvar en última instancia a la República.

En Madrid, el coronel Segismundo Casado y con él un grupo de oficiales no comunistas, se erigieron en Junta de Defensa Nacional, desafiando la autoridad de Negrín. Tropas comunistas al mando del coronel Luis Barceló, se alzaron contra Casado. Barceló fusiló a tres de los oficiales de Casado, pero pocos días después fue capturado y fusilado. De este modo, el intento revolucionario de hacer de España una segunda República Soviética terminó en lucha fratricida entre anarquistas y comunistas. Si bien en Barcelona, tiempo atrás, habían ganado los comunistas, en Madrid, en 1939, ganaron los anarquistas antes de producirse la rendición incondicional a las fuerzas de Franco.

1939, 1 DE ABRIL: VICTORIA NACIONAL

El 1 de abril se hizo público el último parte de guerra: «Cautivo y desarmado el Ejército Rojo, se han alcanzado los últimos objetivos militares».

El 19 de mayo, Franco presidió en Madrid el desfile de 120.000 soldados y el vuelo de 500 aviones. El bilaureado general Varela le impuso la Laureada de San Fernando, condecoración para la que ya había sido propuesto en sus años jóvenes en Marruecos durante la campaña de África.

En un *Te Deum* de acción de gracias celebrado en la Iglesia de Santa Bárbara, presidido por el cardenal Gomá, cardenal de Toledo y primado de España, Franco hizo la siguiente ofrenda:

> Señor, acepta complacido el esfuerzo de este pueblo, siempre Tuyo, que, conmigo y en Tu nombre, ha vencido con heroísmo al enemigo de la Verdad en este siglo.

Al terminar esta oración, dejó su espada sobre el altar, con la solemne promesa, ante Dios y ante los hombres, de no volver a empuñarla salvo en defensa de la patria ante una invasión extranjera.

* * *

Veinticinco años después, en un número extraordinario de ABC, conmemorando los «25 años de Paz», José M.ª Sánchez Silva, uno de los más ilustres escritores españoles del siglo, rememoraba aquel, ya lejano, día de la victoria en los siguientes términos:

> No hay discrepancia en el nombre de la paz de estos veinticinco años: Franco. Pero ese nombre tiene un apellido no menos digno: el pueblo español. «Ante los derrotistas y pesimistas –dijo el Caudillo en 1958– yo proclamo mi fe en la capacidad política de España y mi confianza en el pueblo español». Ahí está, invicto y lleno de virtudes, todas ellas españolas hasta la médula; pero está porque el pueblo español ha querido y quiere que esté. Por algo pudo decir a uno de sus ministros: «¡No es Franco quien ha elegido a la Patria, sino precisamente al contrario!».
> Si posee el mérito de ser quien es, nosotros tenemos el de haberle llamado y ayudarlo. Le llamó la Legión para su fundación; le llamaron la Monarquía y la Dictadura para encender el crisol de la Academia de Zaragoza; le llamó la República para defenderse de la Revolución de Asturias; le llamó la Falange con la memorable carta

de José Antonio; le llamó el Ejército de África al sublevarse; fue llamado para el mando supremo de los Ejércitos y para la Jefatura del Estado, le llamaron y llaman los jefes de los países más entrañables, y también de los más poderosos de la tierra. Siempre se le ha llamado y siempre ha acudido a la invitación de España, por España, en la guerra y en la paz.

Es cierto que el porvenir del mundo es inescrutable, pero el futuro siempre fue arcano, y diversas circunstancias podrían darse, menos la de la existencia de treinta millones de huérfanos. Franco nos enseña diariamente lo que puede un español que quiera de verdad ser un español; poseemos su norma como hombre, como militar y como estadista. Por eso *no estoy de acuerdo* [subrayado añadido] con su pensamiento cuando afirma: «Yo no puedo servir a la Patria más allá de la muerte». Somos millones los que creemos que sí.

Otros veinticinco años más tarde, en 1989, tras una *transición democrática* mal hecha (dudo que pudiera haberse hecho peor, pero, desde luego, pudo haberse hecho infinitamente mejor), las palabras de José María Sánchez Silva, un español que, como tantos otros, no era monárquico ni antimonárquico, y tampoco republicano ni antirrepublicano, nos dan claramente a entender que ese pueblo español que había sabido ganar, bien dirigido, la guerra y la paz, mereció sin duda estar mejor dirigido en la coyuntura de la *transición democrática* a la muerte de Franco.

II

DE LA VICTORIA NACIONAL AL REFERÉNDUM DE 1966

1939, 1 de septiembre: Segunda Guerra Mundial

1945, 4 de agosto: Victoria Aliada

1946, 9 de diciembre: La ONU frente a España

1947, 6 de julio: La Monarquía a Referéndum

1953, 26 de septiembre: Tratado con EE.UU.

1962, 5-8 de junio: Munich

1966, 14 de diciembre: Ley Orgánica a Referéndum

1939, 1 DE SEPTIEMBRE: SEGUNDA GUERRA MUNDIAL

Como consecuencia de la guerra civil, España había quedado desgarrada y arruinada. Necesitaría un largo período de al menos cinco años de paz para recuperarse y poder pensar en el futuro.

En 1914 España había permanecido neutral en un conflicto de intereses entre Alemania y Austria, por un lado, y Francia e Inglaterra por el otro. En 1939, con el país materialmente deshecho, Franco, con buen criterio, vio desde el principio que un conflicto como aquel entre las potencias del Eje y los Aliados (con la Unión Soviética cortejada por unos y otros) solo podía ser nefasto para Europa, y beneficioso solo para la Unión Soviética, que podría hacerse, al final, con una Europa en ruinas.

Por otra parte, la España Nacional le debía mucho a Mussolini y a Hitler por su apoyo durante la guerra civil (Voluntarios Italianos, Legión Cóndor), mientras que Francia e Inglaterra (esta última con reservas) habían apoyado decididamente al Gobierno del Frente Popular desde el principio, como por supuesto había hecho la URSS (suministros bélicos, Brigadas Internacionales).

La neutralidad española iba a ser ciertamente muy difícil, pero era sin duda lo que más convenía a España en aquellos momentos. Como señala Brian Crozier (*Franco, historia y biografía*, Presentación y Traducción de Joaquín Esteban Perruca [EMESA: Madrid, 1969]), Franco demostró una «hábil prudencia», capaz de pasar, sin aspavientos, de la neutralidad a la no-beligerancia (cuando las divisiones alemanas invaden Rusia) y a la neutralidad de nuevo. Al final, los mismos Aliados, con los EE.UU. a la cabeza, tuvieron que darle la razón. La *Guerra Fría* hizo cambiar la declarada enemistad de los Aliados al finalizar la Guerra Mundial en relativa amistad, habida cuenta de que la posición estratégica de la Península Ibérica entre el Atlántico y el Mediterráneo era clave, y que en la postguerra inmediata, con fuertes partidos comunistas en Francia e Italia, España podía considerarse como un bastión estratégico en la retaguardia frente al Imperialismo Soviético.

El Tratado Hispano-Germano de amistad firmado en Burgos, el 31 de marzo de 1939, comprometía a ambos Estados, en términos más bien vagos, a combatir el Comunismo Internacional. Cuatro días antes, sin embargo, significativamente el Gobierno español había firmado con Portugal un Tratado de Amistad y no-Agresión que hacía difícil que España se alineara con Alemania contra Inglaterra, cuyo más *viejo aliado* había sido tradicionalmente Portugal.

El 23 de agosto llegaron sorprendentemente noticias a España de que se había firmado un pacto de amistad germano-soviético en Moscú. Este pacto, y el subsiguiente ataque de Hitler a Polonia el 1 de septiembre, era sin lugar a dudas un duro golpe para los partidarios de una amistad a ultranza con los nazis. Evidentemente, el Tratado Hispano-Germano había quedado en papel mojado.

Franco intentó el 3 de septiembre –el mismo día que Francia e Inglaterra declaraban la guerra a Alemania– una gestión para *localizar* el conflicto. Telegrafió a Mussolini en este sentido y envió una nota a los embajadores representados en Madrid en los siguientes términos:

> Con la autoridad que me da el haber sufrido durante tres años el peso de una guerra para la liberación de nuestra Patria, me dirijo a las naciones en cuyas manos se encuentra el desencadenamiento de una catástrofe sin antecedentes en la historia, para que eviten a los

pueblos los dolores y tragedias que a los españoles alcanzaron, no obstante la limitación en el empleo de los medios de destrucción, horrores que serían centuplicados en una nueva guerra.

Si era demasiado tarde, proseguía Franco, los beligerantes deberían hacer al menos todo lo posible por *localizar* el conflicto. Al día siguiente, fracasado su intento de mediación, Franco pidió a los españoles que observaran «la más estricta neutralidad» y a la prensa que refrenase sus comentarios.

En el mensaje de Año Nuevo de 1940, Franco hizo recuento de los productos vitales que España necesitaba en aquel momento: 500.000 toneladas de trigo (la cuarta parte del consumo anual); 120.000 de legumbres y arroz (una quinta parte); 180.000 de azúcar (más de la mitad) y solo una cuarta parte de la leche necesaria, para cubrir las necesidades mínimas. La ración diaria de pan no llegaba a los 250 gr. (de mala calidad). No olvidemos que durante la guerra civil, la media España nacional (más agrícola y mejor gobernada) no había pasado hambre, pero la media España republicana, o *roja*, la había pasado (salvo, naturalmente, la *nueva* clase dirigente). En 1940 las industrias estaban paradas al no haber materias primas. La gasolina escaseaba y el *estraperlo*, inevitablemente, florecía.

En Madrid, rumores alimentados por la propaganda alemana, presentaban a Inglaterra como derrotada sin remedio tras la caída de Noruega, Holanda y Bélgica, y, finalmente, Francia. Inglaterra, por su parte, que resistía con arrojo la embestida alemana, rehusaba conceder condiciones favorables de pago a España para adquirir los productos de primera necesidad que tanto necesitaba. A pesar de ello, la neutralidad española no fue menos real y efectiva (sino todo lo contrario) que lo fueran las de Suiza, Suecia u otras naciones europeas.

El 6 de septiembre, Hitler convocó al gran almirante Raeder, comandante en jefe de la Marina alemana, y al general Jodl, jefe de operaciones del Estado Mayor de la Wehrmacht, para discutir con él en Berlín los preparativos necesarios para llevar a cabo la Operación Félix. Esta operación debía realizarse inmediatamente para adelantarse a la intervención americana. Según la documentación del Almirantazgo en 1947 (*Führer Conferences on Naval Affairs*, 1940), esta operación era vista por el Führer como el golpe decisivo contra Gran Bretaña.

Aunque Franco no sabía nada, según Brian Crozier, de la conferencia habida en Berlín el 6 de septiembre, se daba cuenta perfectamente de la presión desaforada que el alto mando alemán se disponía a ejercer sobre él. A medida que los días pasaban y se hacía cada vez más claro que los bombardeos alemanes eran incapaces de doblegar a Inglaterra, la política veladamente proinglesa de Beigbeder, ministro de Asuntos Exteriores español en aquel momento, empezaba a hacerse insostenible. Serrano Súñer dijo entonces a Franco que él era el hombre indicado para establecer el diálogo con el Führer, cuyas divisiones estaban ya dispuestas al otro lado de la frontera de Hendaya. Por otra parte, después de todo, Churchill todavía no se había dado por vencido. Precedido por una solemne carta a Hitler, Serrano se puso en camino a Berlín el 13 de septiembre, y se entrevistó allí con Von Ribbentrop tras hacer escala en el París ocupado por los nazis.

Von Ribbentrop, por propia iniciativa o porque siguiera órdenes superiores, se mostró intimidatorio con el ministro español, preguntándole, sin preámbulos, que cuándo podía España entrar en guerra. Serrano expuso sobre la marcha las perentorias necesidades (alimentos, petróleo, caucho, algodón, nitratos, transportes, etc.) y las legítimas aspiraciones territoriales de España (en conflicto con las de Francia) para entrar en guerra. Puso sobre el tapete el conflictivo tema de Marruecos. Le pareció significativo que Ribbentrop callara por el momento. Informado de ello, Franco le manifestó su total aprobación.

Sin embargo, en una posterior recepción en su honor, Von Ribbentrop proclamó en voz alta el disgusto de Hitler por la ambigua política exterior española, calificándola de ingrata. Y acusó a Franco de mantener un ministro de Asuntos Exteriores al servicio de Inglaterra (Beigbeder). Serrano Súñer salió en defensa de Beigbeder (a quien iba a sustituir poco después), pero se opuso enérgicamente a la tesis de su anfitrión, que retiró su acusación, no sin añadir que Hitler podría decidir un día ocupar la Península Ibérica como medida de seguridad por su alto valor estratégico. Si los ingleses llegaran a sospechar que la amistad de España con Alemania se fortalecía, podrían desembarcar en Portugal, como había hecho Wellington en la Guerra de la Independencia contra los franceses.

En octubre de 1940 tuvo lugar la célebre entrevista de Hitler con Franco en Hendaya. En ella la explosiva personalidad del dueño de media Europa no pudo con la hábil determinación de un pequeño gallego.

El 18 de diciembre de ese año de 1940, Hitler escribió a Franco una carta en los términos más cordiales, dando por supuesto que España iba a entrar en guerra al lado de las potencias del Eje. Franco tardó más de dos días en contestarla. Había decidido decir *No* sin que pareciera que lo decía, en lo cual demostró ser un maestro consumado. Las bases en Marruecos que había propuesto Ribbentrop serían «innecesarias en tiempos de paz y superfluas en tiempos de guerra»; la expulsión de la Flota del Mediterráneo no resolvería el problema de los suministros para España «puesto que muchos productos de los que España carece no se encuentran en la cuenca mediterránea»; además, el poderío naval inglés sólo podría ser quebrantado si la acción contra Inglaterra en Egipto tenía éxito, lo que estaba por ver; y sería difícil mantener a los ingleses fuera de Canarias, a no ser que previamente el ejército español recibiera ayuda sustancial de Alemania.

El precio de la participación española se elevaba cada vez más. Poco después de este intercambio, según el intérprete de Hitler, Paul Schmidt, éste y Mussolini empezaron a calificar a Serrano de incómodo y *astuto jesuita* que se atrevía a enfrentarse con el poderoso III Reich. El 27 de diciembre, después de diez días en Alemania, Serrano asistió a la firma de la Triple Alianza, que, como subraya en sus memorias, «nosotros nos negamos a firmar».

Hitler parecía estar muy interesado en la entrada de España en la guerra, pero empezaba a pensar si ello le iba a costar más de lo que valía. Cada vez más acalorado, Hitler llegó a decir que sin la ayuda de Alemania e Italia, Franco no existiría. En aquellos momentos su plan era proseguir con los bombardeos contra Inglaterra «en espera del golpe definitivo», el asalto a Gibraltar, que cerraría, para la Flota inglesa, la entrada occidental del Mediterráneo.

No está de más notar que, más adelante, después de la invasión alemana de la URSS y del envío de la División Azul española al frente ruso, la deuda de sangre contraída por España con Alemania durante la guerra civil fue compensada con creces y que la deuda material fue pagada también escrupulosamente con suministros de materiales estratégicos como el wolframio, vitales para Alemania en aquellos momentos

1945, 4 DE AGOSTO: VICTORIA ALIADA

Muchos años después de la Segunda Guerra Mundial, un corresponsal francés le preguntó a Franco: «¿Pensó usted en algún momento alinearse con el Eje?». La respuesta fue: «Nunca». Algunos autores piensan que pudo estar tentado a hacerlo cuando Hitler, en 1941, invadió la Unión Soviética, pero Franco sabía perfectamente que entonces Inglaterra no estaba derrotada, y que la entrada en guerra de los Estados Unidos en un futuro próximo podría alterar la situación notablemente. Franco sabía bien que la determinación de la mayoría del pueblo español de permanecer fuera de la guerra era clara y que si España, en el momento culminante del poder de la Wehrmacht, cuando Hitler estaba decidido a cruzar los Pirineos y tomar Gibraltar cerrando el Mediterráneo a la Flota inglesa por el Oeste, se hubiera opuesto frontalmente con sus menguadas fuerzas a la invasión alemana, España habría seguido la misma suerte que habían seguido antes Checoslovaquia, Dinamarca, Noruega, Bélgica y Holanda. Como diría más adelante el mariscal Jodl en Nüremberg, la neutralidad española en ese momento resultaría esencial para la victoria aliada.

Winston Churchill dijo lo siguiente en el Parlamento inglés el 24 de mayo de 1944:

> No hay duda de que si España hubiera cedido a las insinuaciones y presiones alemanas en aquella ocasión (1940-41), nuestra carga habría sido mucho mayor. El Estrecho de Gibraltar habría sido cerrado y todo el acceso a Malta se hubiera cortado por el Oeste. Toda la costa española se habría convertido en un nido de submarinos alemanes. Ciertamente, en aquel momento no creo que me hubiera gustado ver que ocurriera ninguna de estas cosas, y ninguna de ellas ocurrió.

Carlton J.H. Hayes fue embajador de los Estados Unidos de América en Madrid de 1942 a 1945. Se había educado en la Universidad de Columbia, en pleno centro de Nueva York, al norte de Central Park. Fue catedrático de Historia Moderna de Europa, y de Historia desde 1935, y regresó a su cátedra en la Universidad de Columbia cuando terminó su misión en España. Su gran categoría académica queda de manifiesto por haber sido invitado por cortos períodos de tiempo a impartir clases en las universidades de Chicago, California, John Hopkins y Stanford. Autor de varios libros y numerosos artículos sobre temas históricos, el Profesor Hayes ha sido presidente de la Asociación Histórica de América, presidente de la Asociación de Cristianos y Judíos, y miembro de otras distinguidas asociaciones históricas y académicas. Durante la Primera Guerra Mundial ostentó el grado de Capitán del Ejército, sirviendo en la División de Información Militar y Estado Mayor General. Su libro *Misión de Guerra en España* (EPESA, Madrid, 1946) es uno de los testimonios más lúcidos y objetivos de cómo el gobierno español fue capaz en circunstancias dificilísimas de capear con éxito los temporales que se le vinieron encima en los años de la Segunda Guerra Mundial.

Hayes fue consciente desde el primer momento de que la opinión pública americana, erróneamente, estaba convencida de que el régimen de Franco había sido impuesto por la fuerza por Hitler y Mussolini. Como botón de muestra, Hayes cita en su libro el *Daily News* de Dayton (Ohio) de 28 de mayo de 1945, que dice:

... si se retirara el apoyo diplomático y económico a Franco (?) por todas las Naciones Unidas, su gobierno se derrumbaría por la acción espontánea de las masas del pueblo español a las que ha explotado y torturado por espacio de una década.

Como dice Hayes, él, como americano y demócrata, no deseaba un gobierno con las características del español en Estados Unidos, pero su misión era tratar realistamente con el gobierno existente en España, no con un gobierno imaginario inexistente. Y dice a continuación:

> En realidad, el régimen de Franco debe su origen solo en parte a la ayuda militar que durante la guerra civil recibió de Italia y Alemania. Se ha exagerado mucho esta ayuda, mientras que la de Rusia y Francia a los leales se ha querido desvalorar. La guerra civil fue ante todo un asunto español, en el cual media nación y más de medio ejército ayudaron al General Franco.

Citando a Churchill en la Cámara de los Comunes en mayo de 1944, Hayes subraya que el Gobierno del Caudillo dio numerosas facilidades a los Aliados, en mayor medida que otros países neutrales como Suiza, Suecia, Turquía y Portugal. Dicho Gobierno, según Hayes, no se apoyaba en una ideología nazi, sino, más bien, en una mentalidad militar dictatorial, común en lo pueblos de habla hispana. Resultaba difícil comprender por qué «las masas explotadas y torturadas del pueblo español» tenían que esperar a que su gobierno fuera aislado diplomáticamente del exterior para que esas masas pudieran alzarse *espontáneamente*.

El derrumbamiento automático del Gobierno de Franco había sido anunciado repetidamente con voz muy alta por los periódicos americanos. Primero durante la primavera de 1943, cuando las fuerzas americanas desembarcaron en el norte de África. Después, al caer Mussolini. Y más tarde, al producirse el desembarco aliado en Normandía. Ninguna de estas predicciones se había cumplido. En lugar de desmoronarse entre los acontecimientos adversos a las potencias del Eje, España parecía fortalecerse. Conclusión: los que hacían tales predicciones parecían estar mal informados. El derrumbamiento del régimen español no parecía inminente ni mucho menos. La oposición española estaba dividida en grupúsculos (monárquicos, republicanos, socialistas, sindicalistas, anarquistas y nacionalistas vascos y catalanes) bastante desprestigiados, todos ellos. Por otra parte, el recuerdo de los horrores de la guerra civil estaba todavía demasiado vivo. Solo la minoría comunista estaba realmente al acecho.

A continuación, el embajador americano hace una curiosa comparación que merece ser citada *verbatim*:

> Después de todo, el régimen existente representa aquella parte del pueblo español que ganó la guerra, y sería totalmente inédito en la historia del mundo que los vencedores en un lucha como ésa dijesen a los vencidos a los cinco o seis años: «Lo sentimos; no debíamos haber ganado; hemos ocasionado un desorden considerable; queremos devolveros el poder y dar la bienvenida a vuestros jefes, dejándoles que hagan lo que quieran de nosotros». ¡Imaginémonos al General Grant diciendo algo parecido a los Jefes de la Confederación del Sur en plena reconstrucción de nuestra guerra civil!

Hace notar acertadamente el embajador Hayes que a muchos americanos les gustaría que se estableciese en España una república democrática semejante a la suya. Por otra parte, la Rusia soviética espera, naturalmente, que España se convierta en una *dictadura del proletariado*, con el Dr. Negrín o alguien parecido a la cabeza. El ex embajador británico, por su parte, abriga la esperanza de que España sea en el futuro una monarquía constitucional del estilo inglés.

Pero, continúa Hayes:

> Si he de juzgar por mis observaciones y experiencias en la Península, tengo que confesarme en extremo escéptico acerca de una pronta y feliz realización de tales esperanzas. Las masas del pueblo español son indiferentes, si no hostiles, a la Monarquía Borbónica, y si ésta fuera restaurada mediante algún golpe militar, carecería del valioso apoyo popular y tan solo podría mantenerse con el auxilio extranjero (probablemente británico). Por otra parte, un gran número de republicanos y socialistas de izquierda acusan a la minoría comunista, no menos que los *derechistas*, de la tragedia de la Guerra Civil, y por lo menos una parte de ellos haría causa común con la fortificada y nada desconsiderable fuerza de la derecha frente a cualquier régimen comunista, haciendo que éste tuviera que ser impuesto en España mediante la ayuda extranjera (rusa, sin la menor duda).

Se pregunta el Embajador si una de las finalidades de los Estados Unidos es la de derrocar todas las dictaduras del mundo y si había acuerdo entre los Aliados sobre quién debería sustituir al General Franco en el Gobierno de España. Y se pregunta también por qué iban los Estados Unidos a limitarse a triturar la dictadura de Franco.

Gran número de países del mundo, incluyendo muchos miembros de las Naciones Unidas, están regidos por dictaduras militares o sistemas totalitarios.

¿Qué haríamos de Portugal? ¿Y de Turquía, o Brasil, o de media docena de repúblicas hispanoamericanas?

Finalmente, Hayes hace alusión directa a la misma Unión Soviética, cuyos malos servicios a las democracias occidentales en el período 1939 a 1941 (duración del Pacto Molotov-Ribbentrop) habían sido ciertamente notorios, y dice:

> Mi convicción personal es que no debemos mezclarnos en los asuntos internos o en la forma de gobierno de ningún pueblo extranjero, a no ser que ese país se convirtiera, o amenazara convertirse en peligro para la paz e independencia de sus vecinos y, por ende, del mundo y de nosotros mismos.
> [...]
> La no-injerencia en los asuntos internos de un pueblo extranjero no es un consejo personal mío. Se ha practicado hace mucho tiempo, y por lo menos parecía haber sido generalmente aceptado por los políticos americanos. Una de sus clásicas expresiones fue aquella del presidente James Monroe en 1823: «Nuestra política con respecto a Europa [...] sigue siendo la misma, esto es, no intervenir en los asuntos internos de ninguna de sus naciones; considerar al gobierno *de facto* como el legítimo para nosotros; cultivar relaciones amistosas con él, y mantenerlas mediante una política franca, firme y varonil, atendiendo en todos los casos a las peticiones justas de cada potencia, no tolerando injurias de ninguna de ellas».
> [...]
> El régimen existente en España es considerado por la mayoría de los españoles, ya sean *derechistas*, ya *izquierdistas*, y admitido además por el General Franco, como algo temporal. Están seguros de que se cambiará en el momento oportuno. Pero este cambio se vería probablemente dificultado, en lugar de facilitado, con una intervención o entrometimiento extranjero que implicaría con

seguridad un sufrimiento adicional para el pueblo español y conduciría a importantes escisiones entre las principales potencias aliadas.

* * *

No es posible salir de la *dictadura del proletariado* (que nunca será del proletariado, sino de una *nueva clase*, que se autodefine como intérprete del proletariado) sin una gran dosis de unidad en los que le plantan cara. Una unidad en los fines y en los medios, que supone naturalmente autoridad y orden. Y una vez recuperada la normalidad social, esa autoridad buscará ser compatible con un máximo de libertad individual por respeto a la dignidad de la persona.

Pero ello solo será posible dentro de un orden moral. Sin ese orden moral, resulta inevitable caer en la *dictadura del relativismo*, que es casi peor que la *dictadura del proletariado*. Y peor todavía es caer en una mezcla de ambas dictaduras a la vez.

1946, 9 DE DICIEMBRE: LA ONU CONTRA ESPAÑA

Desde el desembarco aliado en las playas de Normandía, cuando ya la derrota alemana era patente, la actitud de Churchill, y sobre todo de Roosevelt, hacía España empezó a hacerse cada vez más hostil. La importancia estratégica clave de España para el acceso al Mediterráneo había pasado a la historia. Stalin, por supuesto, siempre fue decididamente hostil. Según Brian Crozier, ya en mayo de 1944, unos días después del discurso de Churchill en los Comunes en el que éste hizo una referencia favorable al papel de España en 1940, el conde de Jordana, ministro de

Asuntos Exteriores español, entregó una nota de protesta en la Embajada Americana denunciando ciertas actividades clandestinas en el Norte de África, en las que el Servicio Secreto Americano estaba involucrado. Dichas actividades estaban encaminadas a entrenar unidades de refugiados españoles para la acción: volar edificios, hacer descarrilar trenes, formar células de información y sabotaje... Una vez en España, dichas unidades deberían contactar con los comunistas y anarquistas en la península para organizar la actividad guerrillera. Al parecer, se habían producido ya desembarcos aislados en las costas españolas y la policía había hecho algunas capturas. Según los informes policiales, los activistas españoles vestían uniformes del Ejército Americano y recibían paga como NCO (*Non Commissioned Officers*) norteamericanos.

José María Doussinague (*España tenía razón*: Madrid, 1950) cita la nota de Jordana a Carlton Hayes (que no menciona en su libro este incidente) exonerando a las altas autoridades americanas y atribuyéndolas a maquinaciones propias de los servicios secretos. Es un hecho, por otra parte, que Roosevelt, al final, depositó una inmerecida confianza en Stalin, desoyendo las advertencias de Churchill.

Según Crozier, la Oficina de Servicios Estratégicos (OSS) de los EE.UU. hacía contactos por aquel entonces con un oscuro líder comunista vietnamita, Ho Chi Minh, al tiempo que entraba en tratos con los líderes comunistas españoles del Norte de África.

En el sur de Francia, por entonces, a medida que los alemanes se retiraban, los comunistas se iban apoderando de pueblos y ciudades y se iban tomando la justicia por su mano, dando buena cuenta de los *colaboracionistas* encontrados a su paso. En otoño de 1944 miles de exiliados españoles se habían alistado al Maquis francés. El Gobierno Republicano en el exilio, en México, se disponía por su parte, alegremente, a hacerse cargo de la situación en España, con ayuda de los Aliados, por supuesto. En Inglaterra y en los EE.UU. la prensa izquierdista, y buena parte de la no-izquierdista, desencadenó una ofensiva inmisericorde contra el Gobierno de Franco, calificándolo de fascista y nazi. Por entonces, se hicieron circular noticias, totalmente infundadas de levantamientos populares en Bilbao, Sevilla y Málaga.

Lo cierto es que, en otoño de 1944, un *ejército* guerrillero de unos 5.000 hombres, según Crozier, cruzó la frontera española cerca de Andorra. Al parecer, esperaban que la población local se les uniera espontáneamente. No fue así: en muchos pueblos, los campesinos los denunciaron a las autoridades o dispararon contra ellos. No le costó gran esfuerzo al General Yagüe, entonces al mando en la región pirenaica, desmantelar y poner en fuga a los atacantes.

Lo que más inquietaba a Franco en aquellos momentos era que este ataque ponía de manifiesto descaradamente la hostilidad francesa, y sobre todo la soviética, y que ambas parecían estar secundadas, tibiamente por las actitudes de Inglaterra y los Estados Unidos. Pronto, Churchill perdería las elecciones frente al laborista Atlee, mucho más hostil al gobierno español. Se iba a desencadenar una ofensiva internacional contra los vencedores de la guerra civil española, los cuales habían incurrido en el imperdonable pecado de aceptar una ayuda que nadie más estaba dispuesto a ofrecer.

El 9 de diciembre de 1946, mientras se debatía en el Consejo de Seguridad de las Naciones Unidas el caso español, el Jefe del Estado convocó a los madrileños en la Plaza de Oriente para protestar por la intromisión de la ONU en los asuntos internos de España. La respuesta fue espectacular: cerca de medio millón de madrileños estuvieron allí presentes. La fotografía con la Plaza a rebosar, con el Teatro Real mostrando las huellas de la guerra al fondo, es impresionante, teniendo en cuenta que la población de la capital no llegaba entonces al millón trescientos mil habitantes. En otras ciudades españolas tuvieron lugar manifestaciones análogas. En Sevilla, el General Queipo de Llano, que llevaba años un tanto distanciado de Franco, se dirigió a una gran multitud para pedirle su apoyo al gobierno en aquel momento difícil con su encendida oratoria característica.

Entre los manifestantes de la Plaza de Oriente se encontraba el Dr. Gregorio Marañón, firmante en su día del manifiesto que trajo la República de 1931, junto a Ortega y Gasset y Pérez de Ayala. Estaban también Jacinto Benavente, Premio Nobel de Literatura, y otros muchos destacados intelectuales, que no podían considerarse ni mucho menos incondicionales del régimen de Franco, y había, evidentemente, muchísimos españoles de a pie que no estaban dispuestos a volver a las andadas.

Como consecuencia de aquella resolución de las Naciones Unidas, España iba a ser excluida del Plan Marshall y del Programa de Recuperación Económica Europea puesto en marcha por Estados Unidos. Gracias a ellos pronto se producirían los *milagros* de recuperación económica alemán e italiano. El *milagro* económico español tendría que esperar. En poco tiempo empezaría la *Guerra Fría*. Los embajadores que se habían marchado en 1946 fueron regresando poco a poco. El tratado de cooperación con los Estados Unidos y las bases militares de Zaragoza, Torrejón y Rota se convirtieron en piezas clave de la defensa de Europa Occidental frente al imperialismo soviético. Y a partir de 1960 empezaría a producirse, con bastante retraso, el *milagro* económico español.

Según Günther Dahms (*Franco*, Editorial Juventud: Madrid, 1975), si la intención de las Naciones Unidas hubiera sido fortalecer el gobierno de Franco, no lo podrían haber hecho mejor. Los españoles, entonces como ahora, son capaces de criticar con la máxima dureza a sus gobernantes, pero reaccionan con indignación cuando se produce una injerencia extranjera en sus asuntos internos. Por lo menos, así ha sido durante siglos.

Si el Jefe del Estado fuera excomulgado por el Papa en un país como España, tendría buenos motivos para estar preocupado. Pero una *excomunión* de las Naciones Unidas carecía de fuerza moral para la mayoría de los españoles.

Desde el balcón de mi casa con mis hermanos menores en la calle Pavía (tenía yo entonces diez años), recuerdo el tono festivo de los manifestantes, jóvenes y viejos, pobres y ricos, hombres y mujeres. En la foto de la Plaza de Oriente de entonces se ven pocas pancartas. Alguna que recuerdo le faltaba el respeto a la ONU, pero sin odio. Franco, desde el balcón del Palacio Real, en su breve discurso, habló de «doce naciones de Europa que eran ayer independientes y hoy están en la esclavitud». Se refería a Polonia, Hungría, Chequia, Eslovaquia, Rumanía, Bulgaria, Estonia, Letonia, Lituania, Alemania Oriental... sometidas al yugo de Stalin, amparado por los acuerdos de Yalta y Potsdam. Recordó el terror comunista en Madrid. Aseguró que España continuaría luchando por la libertad y que los embajadores volverían.

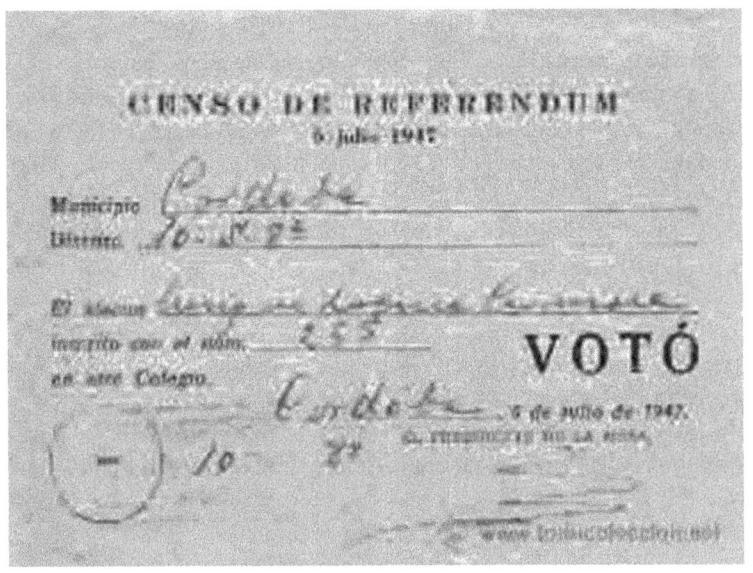

1947, 6 DE JULIO:
LA MONARQUÍA A REFERÉNDUM

En plena Guerra Mundial, el 17 de marzo de 1943, Franco, por decreto. había creado, o recreado, las Cortes Españolas. Unas Cortes muy distintas a las republicanas. En la inauguración, el Jefe del Estado se refirió a la dinastía borbónica como si hubiera dejado de existir. Semanas antes había convocado al cuerpo diplomático a una Misa de réquiem en El Escorial «por todos los reyes de España».

Poco después, el duque de Alba, embajador en Londres, informaba a Franco que el rey Jorge VI le había preguntado en una recepción sobre las perspectivas de una restauración de la monarquía en España. «Yo le contesté», decía el duque, «que muchos españoles se mostraban entusiastas a favor de la misma...». El Rey, proseguía en su despacho el duque, comentó que comprendía que la restauración habría de esperar el *momento oportuno*.

En julio de ese mismo año, el duque de Alba y otros monárquicos distinguidos firmaron una declaración dirigida a Franco en la que pedían respetuosamente el retorno inmediato a la monarquía católica tradicional «como única manera de restablecer la estabilidad política». Cinco de los firmantes eran falangistas. Pocos días después, Arrese, ministro Secretario General del Movimiento, anunció escuetamente la destitución de los cinco de sus cargos oficiales que ostentaban en aquel momento. Entre ellos, García Valdecasas, colega y amigo de José Antonio, y Gamero del Castillo, ex Vicesecretario General de la Falange con Serrano Súñer. Los firmantes no falangistas fueron dejados en paz.

El 17 de julio siguiente, Franco aludió, en un discurso, a que España podía volver a tener en su momento el régimen que le dio sus días de gloria. En aquellos momentos, en la que la suerte de los ejércitos del Eje estaba de capa caída, los monárquicos no estaban dispuestos a aceptar que aquello fuera suficiente. Unos meses después, el 15 de octubre, un grupo de generales elevó al Caudillo una petición a favor de la pronta restauración de la monarquía. Por aquellas fechas, Gil Robles, ex líder de la CEDA exiliado en Portugal, escribía al general Asensio, ministro del Ejército, diciendo que Franco debía dejar paso a la monarquía. Cuatro de los cien profesores universitarios firmantes de un manifiesto monárquico fueron desterrados a distintas provincias.

Don Juan, el sucesor designado por Alfonso XIII poco antes de morir, que había querido incorporarse al Alzamiento en los primeros días, y había tenido que aceptar la decisión negativa de Franco, pensaba en los años finales de la Segunda Guerra Mundial, que mientras Franco fuera Caudillo, sus posibilidades de ocupar el trono eran nulas.

Y en marzo de 1945, al ver que las grandes potencias querían que Franco se fuera, Don Juan lanzó un Manifiesto en Lausana, tratando de uncir su causa a carro de los vencedores:

> El régimen del General Franco, que fue modelado con arreglo a los sistemas totalitarios de las potencias del Eje y es absolutamente contrario al carácter y tradiciones de nuestro pueblo, resulta completamente incompatible con las corrientes prevalecientes en el mundo como resultado de la presente guerra.

1947, 6 DE JULIO: LA MONARQUÍA A REFERÉNDUM

Por ello, Don Juan insta a Franco en el Manifiesto a que:
... reconozca su fracaso en la concepción de un Estado totalitario, renuncie al poder y permita la restauración del régimen tradicional de España, único capaz de garantizar la religión, el orden y la libertad.

A raíz del Manifiesto, el duque de Alba renunció a su cargo de Embajador en Londres.

Por aquel entonces, y aun hoy en día, el número de monárquicos convencidos era y es bastante reducido, como lo era, y lo es, el de republicanos convencidos. Sin embargo, Franco, que había colaborado con la Monarquía, con la Dictadura y con la República (siempre según su criterio en bien de España) aunque pragmático, tenía convicciones monárquicas. Lo que no quería (en aquel momento ni después) era ver a Don Juan en el trono de España.

En 1945, Franco anunció la creación de un Consejo de Reino que decidirá sobre la cuestión «cuando las necesidades surjan».

Entre tanto, el gobierno español había llegado a convencerse de que las primeras necesidades reales de la nación eran dos: el regadío para las zonas rurales, y la energía eléctrica para la industria en las zonas urbanas. En consecuencia, España se embarcó en planes hidroeléctricos a largo plazo que iban a sentar las bases para el futuro desarrollo económico del país.

Por aquellos años, si bien muchos trabajadores estaban descontentos porque las huelgas estaban prohibidas, muchos empresarios lo estaban porque no existía el despido libre, y porque los derechos de los trabajadores estaban protegidos por la legislación vigente, en las circunstancias de la penuria económica de la postguerra. Continuaba la sequía, y España necesitaba importar alimentos, abonos y forraje para los animales. Y todo ello en medio de las sanciones económicas impuestas por los vencedores de la Guerra Mundial. El gobierno en el exilio de Giral y la Unión Soviética hubieran querido una intervención militar directa en España. Tuvieron que conformarse con una intervención puramente económica, aunque la previsión de rendir por hambre a los españoles, dada su historia y su tradición, no era demasiado realista. Afortunadamente para los españoles, Juan Domingo Perón, presidente de Argentina, prestó una ayuda impagable a España en aquellos momentos difíciles. Es verdad que en Buenos Aires había medio millón de *gallegos* entonces, muy interesados naturalmente en que los paisanos del otro lado del Atlántico no pasaran hambre. En octubre de 1946, Perón prometió a España el envío de 600.000 toneladas de trigo y 120.000 de maíz, a crédito y a un interés bajo. Perón ignoró las recomendaciones de las Naciones Unidas y acudió decididamente en ayuda de la "madre patria" en apuros. Ello tuvo un efecto moral considerable sobre el pueblo.

México, por otra parte, gobernado por el Partido Revolucionario Institucionalista, había sido protagonista en la condena de España de las Naciones Unidas. Pero los seis países que votaron en contra de la moción antiespañola eran todos hispanoamericanos. Otros se habían abstenido. Los votos de Uruguay y Paraguay eran más o menos explicables. Y los de Bolivia, Chile, Guatemala, Panamá y Venezuela, con gobiernos izquierdistas en aquel momento, simpatizantes con la URSS, también. A partir de aquello, y más adelante, cuando la ONU revocó su condena y cuando aceptó a España en su seno, uno de los pilares de la política exterior española fue la defensa de los intereses comunes de los países de habla hispana frente a Estados Unidos e Inglaterra.

La solidaridad interna ante la condena de las Naciones Unidas a su gobierno, le dio a Franco la oportunidad de poner a prueba la Ley de Referéndum. En marzo de 1947 llamó a la nación a votar sobre una Ley de Sucesión en la que se dirá *Sí* o *No* a lo siguiente:

1. Que España es una unidad política, un Estado católico y un reino.
2. Que Franco es el Jefe del Estado.
3. Que en caso de quedar vacante la Jefatura del Estado, asumiría el poder un Consejo de Regencia formado por el Presidente de las Cortes, el prelado de mayor antigüedad y el oficial más antiguo de las Fuerzas Armadas.
4. Que el Consejo de Reino estará integrado por los miembros del Consejo de Regencia, el Jefe del Alto Estado Mayor, el Presidente del Tribunal Supremo de Justicia, el del Consejo de Estado, el del Instituto de

España (que agrupa todas las Reales Academias) y siete miembros de las Cortes.
5. Que el Jefe del Estado deberá oír al Consejo de Reino siempre que quiera rehusar cualquier ley elaborada por las Cortes, antes de declarar la guerra o acordar la paz, y antes de proponer a las Cortes un sucesor.
6. Que el Jefe del Estado podrá proponer a las Cortes un sucesor en la Jefatura del Estado a título de rey o regente.
7. Que si muriera antes de que las Cortes hayan aprobado la propuesta de sucesor, el Consejo de Regencia deberá recibirle el juramento prescrito y proclamarle rey o regente.
8. Si las Cortes no hubieran aprobado ningún candidato, el Consejo de Regencia convocará en el plazo de tres días al Consejo de Reino para elegir una persona de sangre real y proponerla a las Cortes.
9. Que el rey o regente deberá ser varón, español, haber cumplido los treinta años, ser católico, tener las cualidades necesarias para tan alta misión y jurar las Leyes Fundamentales.
10. Tales leyes son el Fuero de los Españoles, el Fuero del Trabajo, la Ley Constitutiva de las Cortes, la Ley de Referéndum Nacional y la Ley de Sucesión (que en ese momento se está sometiendo a referéndum) y los *Principios del Movimiento Nacional*.
11. Si se nombrara un rey, el orden de sucesión sería el de primogenitura, con exclusión de las hembras, que podrían, sin embargo, transmitir el derecho de sucesión.
12. Que será necesaria la aprobación de las Cortes para los matrimonios regios y las abdicaciones.
13. Que el Jefe del Estado podrá proponer a las Cortes la exclusión de un heredero natural si careciera de capacidad o mereciera perder los derechos a gobernar.
14. Si una mayoría de *dos tercios del Gobierno* apreciara la *incapacidad* del Jefe del Estado, podría comunicárselo al Consejo de Reino y éste a las Cortes.
15. Que todas las decisiones de las Cortes a las que se refiere esta Ley de Sucesión requerirán una mayoría de

dos tercios de los miembros presentes y la mayoría absoluta del total de procuradores.

Por esta Ley, Franco se comprometía a sí mismo y a cualquier futuro rey a estar sujeto a las Cortes de un modo que no lo habían estado ningún Borbón ni ningún Habsburgo en el pasado. Los principios del Movimiento Nacional quedaban un tanto indefinidos, y serían definidos más adelante, en doce apartados, en 1958, en términos sustancialmente elásticos.

Don Juan calificó de fraude el Referéndum y lo consideró inaceptable como heredero potencial al trono de España.

Según Luis Suárez (*Franco: Desde 1945 a 1953* [Actas: Madrid, 2001]), en 1947 el censo (todos los hombres y mujeres mayores de veintiún años sin antecedentes penales), era de 16.187.992 votantes. Acudieron a las urnas 14.054.026 (un 86.8%). Votaron *Sí* 12.628.983 (un 89.9% de los votantes y un 78.01% del censo). Incluso Max Gallo, uno de los autores más hostiles, reconoce que «Franco había conseguido el respaldo popular». La prensa extranjera esperaba una gran abstención, que no se produjo. Los redactores de la ley habían procedido hábilmente al presentar, de hecho, una alternativa entre Monarquía y República. Muchos españoles que no eran monárquicos fervientes, ni mucho menos, votaron contra la República.

La oposición tenía razón entonces al decir que el *No* a la Ley de Sucesión no tuvo oportunidad de hacer propaganda entre los votantes, pero no la tenía al descalificar la participación masiva, un 86.8% del censo electoral.

A partir de entonces, y por mucho más tiempo del que algunos creyeron posible, España fue un reino, y lo sigue siendo, a pesar del desprestigio de la monarquía en esta segunda década del siglo XXI.

1953, 26 DE SEPTIEMBRE: TRATADO CON EE.UU.

España había quedado excluida del Plan Marshall (Programa Europeo de Cooperación). Sin embargo, la *Guerra Fría* denunciada por Churchill y certeramente prevista por Franco, era una realidad, y los militares norteamericanos eran plenamente conscientes del valor estratégico de la Península Ibérica en esa confrontación. Cuando se reanudaron las relaciones diplomáticas con EE.UU. Franco intentó colocar a José Félix de Lequerica, como embajador en Washington, pero el presidente Truman le negó el plácet. A pesar de ello, el Jefe del Estado español le envió provisionalmente a la capital americana como Jefe de Embajadores y Legaciones. Finalmente, el 27 de diciembre de 1950, con la guerra de Corea ya declarada, la paciencia de Franco dio fruto, y Lequerica, experimentado negociador y con muy buen conocimiento del inglés, fue aceptado como embajador de pleno derecho.

Ya desde 1948, solo dos meses antes de la llegada de Lequerica a Washington, se habían empezado a concatenar acontecimientos clave que acabarían haciendo inevitable la *Guerra Fría*: el bloqueo aéreo de Berlín por los rusos; la sovietización de Checoslovaquia; la victoria de Mao Tse Tung en China, y la invasión de Corea del Sur por el ejército comunista de Corea del Norte. Esto último fue lo que colmó la paciencia de Washington.

Mucho antes de 1950, la Cámara de Representantes de los EE.UU. había votado una resolución, 149 votos a favor por solo 52 votos en contra, extendiendo el Plan Marshall a España. Pero Truman la había vetado, aunque había aprobado la concesión de créditos de la Banca privada a España. Poco después, una larga serie de personalidades de la escena política norteamericana visitaron Madrid para tomar contacto de primera mano con la realidad española. Vinieron los senadores Tom Connally de Texas, Pat McCarran de Nevada, Owen Brewster de Maine y Dennis Chavez de Nuevo México. Vino también el vicepresidente Alben W. Barkley, acompañado de numerosos periodistas e intelectuales, así como, finalmente, los almirantes Sherman y Connolly. Sherman iba a tener una influencia decisiva en el futuro en las relaciones hispano-norteamericanas. Como comandante en jefe de la VI Flota estacionada en el Mediterráneo, Sherman invitó a las autoridades españolas a visitar las unidades de la VI Flota fondeando en puertos españoles del Mediterráneo. En 1949 iba a ser nombrado jefe de operaciones navales en Washington.

La visita del almirante a Franco fue muy importante para evaluar en profundidad el verdadero alcance del conflicto con la Rusia Soviética. Franco subrayó que sin el alzamiento nacional contra el gobierno (desgobierno) de la República, el comunismo se habría apoderado del poder en España y los rusos habrían tenido controlado el acceso occidental al Mediterráneo, con las previsibles consecuencias. Además, hizo hincapié, al mantener a Alemania fuera de Gibraltar, España había jugado un papel clave en permitir a los Aliados la concentración de tropas previa al desembarco en África del Norte en 1943. En apoyo de su tesis, Franco citó a Winston Churchill en la Cámara de los Comunes británica en 1948 (siendo ya líder de la oposición al gobierno

1953, 26 DE SEPTIEMBRE: TRATADO CON EE.UU.

laborista), quien se oponía a la idea de que los españoles debían ser tenidos como proscritos solo por el hecho de haber aceptado ayuda de Hitler al principio de la Guerra Civil.

El 5 de noviembre de 1950, la Asamblea General de las Naciones Unidas revocó la resolución de 1946 que había provocado la retirada de embajadores de Madrid. El 1 de marzo de 1951, en el Salón del Trono del Palacio Real de Madrid, junto al trono vacío reservado al futuro rey de España, Franco recibió las cartas credenciales de Stanton Griffis, embajador del presidente Truman en Madrid. Uno tras otro, los nuevos embajadores fueron llegando a Madrid, como si nada hubiera pasado.

La lógica de la estrategia norteamericana sugería que España fuera invitada a formar parte de la NATO (Organización del Tratado del Atlántico Norte). Por una parte, Franco sabía perfectamente que un acuerdo bilateral con los EE.UU. sería plenamente efectivo y mucho más práctico, y por otra, quería marcar distancias con Inglaterra y Francia, que hacía poco se habían portado mal con España en la ONU al favorecer la retirada de embajadores de Madrid. Las naciones de Europa Occidental (Francia, Inglaterra, Italia, Holanda, Bélgica...) podían alegar que el gobierno español no era un gobierno democrático, lo cual era cierto, pero tampoco lo era entonces el de Portugal, que sí había sido invitada. Ciertamente, Salazar no tenía el pecado original de Franco de haberse dejado ayudar por Hitler en la Guerra Civil.

Muchos norteamericanos en aquel momento estaban deseosos de llegar a un buen entendimiento con la España de Franco; no así el presidente Truman, que se dejó persuadir por el almirante Sherman, diciendo: «No me gusta Franco y nunca me gustará, pero no quiero anteponer mis sentimientos personales a las convicciones de ustedes los militares». Sus palabras no dejan de ser un buen ejemplo de sensatez, no siempre característica de los dirigentes políticos de las grandes potencias.

El 16 de julio de 1951 Franco recibió al embajador Griffis y al almirante Sherman en el Pardo y llegó rápidamente con ellos a un acuerdo de principio para el establecimiento de bases militares conjuntas en España. Desafortunadamente, Sherman murió de un ataque al corazón dos días más tarde y la firma del pacto tuvo que retrasarse. Cuando las negociaciones formales comenzaron en serio, los representantes norteamericanos pudieron comprobar que Franco no tenía prisa. Las negociaciones se prolongaron hasta el triunfo de Eisenhower en las elecciones de noviembre de 1953. James Dunn, nuevo embajador de los EE.UU., llegó a Madrid con orden de acelerar las negociaciones. Las bases permanecerían bajo soberanía hispana y la bandera española ondearía sobre ellas junto a la norteamericana. Se llamarían, por tanto, *bases conjuntas* y serían por muchos años las bases estratégicas clave de la defensa de Europa Occidental frente a la amenaza soviética. Serían tres bases aéreas (Torrejón, Zaragoza y Morón de la Frontera), un depósito de suministros aéreos cerca de Sevilla y una importantísima base naval en Rota. Complementado, todo ello, con siete instalaciones de radar y un complejo de instalaciones auxiliares, incluidos los oleoductos que iban a conectar Rota con Zaragoza, vía Morón y Torrejón.

Sin embargo, la *ayuda de defensa* concedida al gobierno español, 85 millones de dólares, quedó muy por debajo de lo previsto por los arrendatarios. A pesar de todo, aquello era un buen comienzo, suplementado por los 191 millones de dólares destinados a mejorar el armamento y el equipo del Ejército español, y también por la perspectiva (halagüeña para las empresas españolas) de que un 35% de los materiales necesarios para la construcción de las bases y la mano de obra aneja iba a dar empleo a muchos miles de trabajadores españoles.

El largo proceso de negociación concluyó felizmente el 26 de septiembre de 1953. El ministro español de Asuntos Exteriores, Alberto Martín Artajo, y el embajador norteamericano, James Dunn, firmaron en el Palacio de Santa Cruz, muy cerca de la madrileña Plaza Mayor, los correspondientes acuerdos por diez años, prorrogables en principio. La España nacional había conseguido un poderoso amigo y aliado, que consolidaba, por primera vez, con ciertas garantías, la victoria de 1936.

La base naval de Rota puede considerarse efectivamente como la puerta del Mediterráneo desde el Atlántico. Está muy cerca del Puerto de Santa María. En ella están estacionados "marines", tropas del Ejército de los EE.UU. y expertos de las Fuerzas Aéreas americanas. Desde 1953 forma la comunidad militar norteamericana más numerosa en la Europa Occidental. A partir de 1964 fondean en ella submarinos nucleares, reemplazados en 1980 por otros más modernos y efectivos.

El *Washington Post* del 7 de septiembre de 1952 incluye una entrevista de Mr. André Visson con Franco en San Sebastián relativa a las bases conjuntas hispano-norteamericanas, de la que extraemos a continuación las respuestas más significativas:

> «El objetivo inmediato es el de organizar una defensa adecuada de las naciones libres…». En opinión del Generalísimo hay tres modos de enfrentarse al problema: «El primero consiste en preparar la defensa donde ésta sea posible –cuanto más al Este, mejor–. El segundo…, organizarla en un lugar donde sea más fácil hacerlo en caso de un ataque victorioso del enemigo… (por ejemplo) en la Península Ibérica. Tercero…, renunciar a defender Europa y organizar la defensa en el Norte de África». Franco es partidario de una combinación del primero y el segundo. «España tiene un tratado de ayuda mutua con Portugal y está en negociaciones con los EE.UU. Si otras naciones están interesadas en llegar a un acuerdo similar con España, les corresponde a ellas hacérnoslo saber».

International News Service publicó poco después, el 21 de diciembre de 1952, una entrevista de Mr. Kluckhohn con el Jefe del Estado español. Dicha agencia suministraba información a más de dos mil cuatrocientos periódicos y emisoras de radio que estaban distribuidos en sesenta y ocho países. La información decía:

> El Generalísimo Franco ha declarado que «el mundo no reconoce plenamente el espléndido sacrificio que los EE.UU. están haciendo en Corea. Es sorprendente y magnífico que los americanos luchen contra el comunismo de manera tan eficiente, tan lejos de sus hogares y en tan difícil terreno».

En respuesta al periodista, añadió que estaría dispuesto a permitir que voluntarios españoles tomaran parte en la lucha de Corea, mandados por sus propios oficiales. Expresó su opinión de que, si el caso llegara, muchos españoles se presentarían voluntarios. Añadió, sin embargo, que la mayor contribución de España a la lucha contra el comunismo debe hacerse en Europa, y se mostró de acuerdo con la política de Eisenhower de que son los propios asiáticos, incluidos los chinos nacionalistas, quienes deberían llevar el peso de la guerra de Corea.

El Caudillo declaró también que su Gobierno tenía noticias de que más de un centenar de agentes soviéticos habían tenido parte activa en las actuales insurrecciones contra Francia en el Norte de África.

Y la entrevista concluyó diciendo:

Yo tengo la impresión de que España y los EE.UU. tienen los mismos objetivos, pero los persiguen de distinto modo. Ello es natural; pero creo que tenemos un objetivo común fundamental en la lucha mundial contra el comunismo, y esto es lo que debemos acentuar.

En una entrevista posterior para la misma agencia de prensa, el 26 de noviembre de 1954, Franco afirmó lo siguiente:

Considero a Alemania el país clave para mantener la paz en Europa. Su incorporación a Occidente es esencial para la defensa común. Si queremos paz, la política de vencedores y vencidos debe quedar atrás, y la incorporación de Alemania Occidental al Pacto de Bruselas, si no se desvirtúa, inicia ese camino.

[...]

Cuanto más unido se muestre Occidente, más razonable se ha de presentar la política soviética en sus relaciones con el mundo libre.

[...]

Si los fines del comunismo soviético se han mostrado siempre invariables, su táctica se ha venido adaptando siempre a las distintas situaciones. Hoy necesitan los *soviets* tiempo y espacio para digerir cuanto han devorado, y para poner a punto su maquinaria bélica y dar satisfacción a la crisis de su política interna, motivada por el fracaso de treinta y cinco años de terrorismo policíaco.

[...]

La actitud (del mundo civilizado hacia la política de coexistencia) debe ser de desconfianza, exigiendo que los agentes soviéticos se abstengan de su acción disolvente y revolucionaria, [...] en demostración palpable de esa buena voluntad de coexistencia, [...] y devolución de su soberanía a los pueblos a los que se la retiene contra todo derecho. Cualquier otra conducta sería hacerle el juego a la URSS, y resultaría fatal para Occidente.

1962, 5-8 DE JUNIO: MUNICH

El año 1962 fue, sin duda, un año clave para la *transición*.

Las huelgas de Asturias, la Asamblea General del Movimiento Europeo en Munich (especialmente) y el juicio y posterior ejecución del agente comunista Julián Grimau en Madrid fueron acontecimientos destacados que iban a influir mucho en la marcha de la transición.

Las huelgas de mineros (los trabajadores mejor pagados) en Asturias solo remitieron cuando el ministro de Trabajo, José Solís, se trasladó a Oviedo para negociar directamente con los huelguistas. Se subieron los salarios (aumentando el precio del carbón) y las huelgas cesaron. En Francia y Bélgica, comunistas y socialistas apoyaron las huelgas y proveyeron fondos a los huelguistas durante las mismas. La Hermandad Obrera de Acción Católica (HOAC), con el margen de libertad que le daba el Concordato de 1953, firmado por el gobierno español con la Santa Sede, apoyó las reivindicaciones laborales de los huelguistas. Ello era perfectamente legítimo. Lo que no lo era tanto era el hecho de que la HOAC y otras organizaciones católicas estaban, ya entonces, infiltradas por militantes tapados del Partido Comunista. Años más tarde, ello se pudo comprobar fehacientemente cuando ellos mismos hicieron pública su afiliación. Por esa misma época, varios jesuitas, incluido el famoso P. Llanos (que había sido años atrás un falangista entusiasta) cambiaron de bando y apoyaron decididamente a los militantes comunistas en sus actividades. El mismo año 1962 empieza en Roma el Concilio Vaticano II, que, al desautorizar políticamente la confesionalidad del Estado, abría las puertas a un progresivo distanciamiento entre el gobierno español y la Curia Vaticana a las órdenes de Pablo VI.

El 14 de mayo de ese año, la Asamblea de la Comisión Económica de la Comunidad Económica Europea (CEE) aprobó íntegramente la propuesta de la Comisión Ejecutiva, que el Consejo de Ministros hizo suya:

> Recomendamos que el Consejo de Ministros urja a los miembros de la CEE a examinar la posibilidad de llegar a algún tipo de acuerdo económico entre España y la CEE, teniendo en cuenta los cambios constitucionales que se tendrán que hacer antes de considerar cualquier tipo de acción política.

Ello abría camino a un futuro acuerdo económico y preferencial entre España y la CEE, acuerdo que iba a coronar los competentes esfuerzos en este sentido de los ministros Ullastres y Navarro Rubio.

La propuesta de la Comisión Ejecutiva Europea puso en marcha una maniobra política partidista muy inteligente, pero, como veremos, con muy malas consecuencias para lo que pudo haber sido una transición ordenada a la muerte de Franco. Gil Robles (democristiano) y Rodolfo Llopis (socialista) protagonizaron entonces la maniobra. El primero entraba y salía libremente de España (era miembro del Consejo del pretendiente monárquico Don Juan) y se veía a sí mismo como el líder de la oposición en el interior. Rodolfo Llopis, en cambio, vivía exiliado desde la guerra civil y se consideraba representante de alguna manera de la oposición en el exterior. Entre ambos fueron capaces de movilizar más de un centenar de firmantes de un manifiesto oponiéndose formalmente al ingreso de España en la CEE. Aprovecharon para ello un congreso internacional que se iba a celebrar en Munich por parte de la Asamblea General del Movimiento Europeo (asociación cultural privada), que congregaba en la ciudad bávara a unos quinientos participantes para discutir el futuro de Europa.

En la sesión plenaria del 8 de junio intervino don Salvador de Madariaga para decir que había terminado la guerra civil, porque allí los dos bandos (CEDA y socialistas) aparecían unidos. Después habló Gil Robles explicando el acuerdo al que habían llegado los españoles de dentro y de fuera, solicitando *garantías* de que España no sería aceptada en Europa mientras no hubiera cambiado el Régimen. Intervinieron entonces los alemanes para oponerse a que se tomaran resoluciones contrarias al principio de no injerencia en los asuntos internos de otro país (ver comentarios al respecto en Luis Suárez, Franco: *Desde 1961 hasta 1966* [Actas: Madrid, 2004]). En Munich fueron precisamente los unionistas y los *cedistas* los que proporcionaron más argumentos a favor de la tesis de la Internacional Socialista encaminada a impedir a toda costa la adhesión de España al Mercado Común mientras no se produjeran los presupuestos políticos favorables al retorno de los partidos políticos. Algunos periodistas extranjeros encontraron algo extraño hablar tanto de libertad para todos cuando se excluía tajantemente a quienes podían representar a la España nacional. En Munich solo estaban representadas facciones políticas muy minoritarias entonces y con escaso respaldo. Madariaga y Gil Robles pretendían hablar en Munich en nombre de «la inmensa mayoría de los españoles», cosa que quince años después se demostró que no era cierta. Dentro de España, la conducta de Madariaga y Gil Robles oponiéndose a un acuerdo preferencial entre España y la CEE, fue juzgada con gran dureza.

Había entonces dos versiones acerca de lo sucedido en Munich: *una*, la que entonces defendió la prensa socialista y fue confirmada más tarde por las declaraciones de Gil Robles a *France-Presse* el 12 de junio, en la que se decía que hubo acuerdo entre los *dos sectores* de la oposición española presentes en el congreso acerca de lo que se debía exigir a España antes de entrar en las negociaciones; y *otra*, la que manifestó el propio Gil Robles en su carta a Franco de 14 de junio, en la que el líder democratacristiano afirmaba que hubo dos comisiones españolas actuando dentro y fuera del congreso y que él no había concluido ningún acuerdo personal con Llopis, limitándose a exponer en el congreso el acuerdo tomado en Madrid por la asociación que él mismo representaba (Democracia Social Cristiana) con Unión Española (Satrústegui, Miralles, Isidro Infante), Izquierda Democrática Cristiana, Acción Democrática, Partido Socialista, Acción Republicana y Frente de Liberación Popular, casi todas ellas con representatividad insignificante en el interior del país en aquel momento.

Rodolfo Llopis hizo llegar a Satrústegui el siguiente mensaje para Don Juan: «Si la corona logra establecer pacíficamente una verdadera democracia, a partir de ese momento el PSOE respaldará lealmente a la Monarquía». Sin más. No decía ni hasta cuándo ni hasta dónde.

Franco reaccionó con dureza, es posible que excesiva. No se podía esperar gran cosa de Gil Robles, que después de su fracasada victoria *sin alas* durante la República y a punto de ser asesinado en 1936, nunca encontró su sitio en la España nacional. Ni de Madariaga, de quien se dice que Ortega había dicho que era «un tonto en cinco idiomas», a pesar de ser el inventor de la famosa *democracia orgánica*. Hubiera sido mejor que lo de Munich hubiera sido tratado por Franco pragmáticamente (como en los buenos tiempos) como un incidente más, y que se hubiera puesto toda la carne en el asador para hacer más real y auténtica la representatividad de los españoles en el interior, en las Cortes, en los municipios y en los sindicatos, dando voz y voto a los grupos disidentes del interior (y del exterior) solo en la medida (bastante modesta) en que esos disidentes –que, por supuesto, tenían derecho a disentir– representaban al conjunto del país. La verdad, de todos modos, es que las desproporcionadas campañas de prensa hostiles del exterior no se lo iban a poner nada fácil ni a Franco ni a los sucesivos gobiernos, en la pre-transición. Esos gobiernos empezaban a presentar más fisuras, a medida que los años, que no perdonan, iban desgastando la entereza del Jefe del Estado. Quizá fue en estos años de la pre-transición cuando la popularidad de Franco en el pueblo español alcanzó mayores cotas, pero quizá también fue en ellos cuando su legendaria prudencia y energía comenzaban a dejarle.

Finalmente, otro acontecimiento puramente accidental de 1962, que provocó un estallido de mala prensa para la España nacional, fue la captura de Julián Grimau, agente comunista detenido en Madrid el 8 de noviembre, en el ejercicio de sus actividades. Las investigaciones de la policía mostraron a la claras que, durante la guerra, Grimau había sido elemento destacado en una de las checas de Barcelona, y que entonces había participado en numerosas torturas y *ejecuciones*. Probablemente él era un comunista convencido, un revolucionario, que actuó entonces, y más adelante, de acuerdo con sus convicciones. Probablemente él sabía también a lo que se arriesgaba cuando regresó a España desde el exilio, para pasar de nuevo a la acción revolucionaria. En abril del año siguiente fue sentenciado a muerte por un tribunal militar. Parece que entonces el gobierno estuvo dividido en cuanto a la concesión de un indulto. Una petición de Kruschev al Jefe del Estado español en este sentido, decidió su suerte. El indulto no se concedió. Los hechos de los que se le acusaba estaban bien probados y documentados. Es posible, sin embargo, que un aplazamiento indefinido de la condena hubiera sido más práctico, dadas las circunstancias de aquel año histórico.

En resumen, por las consecuencias imprevisibles que los eventos de Munich iban a desencadenar en el futuro, aquel año de 1962 fue un año clave para la *transición*.

1966, 14 DE DICIEMBRE: LEY ORGÁNICA A REFERÉNDUM

El 22 de noviembre de 1966 el Rolls-Royce de Franco a sus setenta y un años, llegaba a las Cortes españolas en la Carrera de San Jerónimo para celebrar la sesión extraordinaria en la que se iba a presentar la largamente esperada Ley Orgánica del Estado. El Rolls-Royce iba acompañado, como de costumbre, por la Policía Montada y la Guardia Civil. Con arreglo a los niveles ingleses o americanos, las medidas de seguridad eran ciertamente escasas. Hubiera sido muy fácil para un terrorista avezado escaparse a través del cordón de policía para disparar o arrojar una bomba. Pero Franco no había tenido un solo atentado serio en los largos años en que fue Jefe de Estado ni era de esperar que lo sufriera en aquel momento. Un espectacular atentado se iba a cobrar, siete años más tarde, la vida de Luis Carrero Blanco, el primer Jefe de Gobierno designado por Franco según la Ley Orgánica que aquel día se iba a aprobar por aclamación de las Cortes. En el hemiciclo de la Carrera de San Jerónimo se encontraban presentes muchos de los más destacados colaboradores de Franco en los gobiernos de la postguerra: Agustín Muñoz Grandes, Fernando María Castiella, Alberto Martín-Artajo, el propio Luis Carrero Blanco y otros muchos personajes civiles y militares.

Franco leyó, con su voz monótona pero clara, un largo discurso durante poco menos de una hora, la mayor parte del tiempo sin levantar la vista del texto. A continuación, el presidente de las Cortes, don Antonio Iturmendi, destacado tradicionalista, como su predecesor, don Esteban Bilbao, dio lectura al texto completo de la Ley Orgánica, lo cual le llevó otra hora. Al final, tras unas breves palabras de Franco, se dio por terminada la sesión extraordinaria de las Cortes con la aprobación de la ley por aclamación.

A lo largo de su discurso, Franco había dicho cosas importantes. Había recordado a los presentes y a todos los televidentes que aquel año marcaba los treinta de su elección como Jefe del Estado y del Gobierno. Había hecho alusión al comportamiento hostil de los triunfadores de la Segunda Guerra Mundial con la España nacional surgida de la Guerra Civil, y había subrayado la ruina y el deshonor en los que España había quedado hundida bajo el gobierno de partidos políticos durante la República. Había recordado también el desastre económico interior heredado como consecuencia de la guerra.

Había dicho:

Recuerden los españoles que a cada pueblo le rondan siempre sus *demonios familiares*, que son diferentes para cada uno. Los de los españoles se llaman: *espíritu anárquico*, *crítica negativa*, *insolidaridad entre los hombres*, *extremismo* y *enemistad mutua* [subrayados del autor].

Y después de hacer un breve recuento de las numerosas escuelas, institutos y universidades abiertas, demostrativas del progreso de la nación bajo su guía, dijo que la *democracia bien interpretada* era el más precioso legado de la cultura occidental. Si se les hubiera preguntado a los jefes de gobierno occidentales contemporáneos suyos (Churchill, Adenauer, De Gaulle, Eisenhower, Macmillan...) si él fue más amante de la democracia (*bien interpretada*, por supuesto) que Stalin, Tito, Fidel Castro y compañía, habrían contestado, ciertamente, que sí.

Como dijo en su discurso, para él los paridos políticos no eran un elemento esencial de la democracia. Habían existido, dijo, frecuentes experimentos democráticos a lo largo de la historia, y los partidos eran un fenómeno relativamente reciente. España, según Franco, necesitaba una democracia «auténtica, ordenada y efectiva», no una democracia partidista proclive a degenerar en poco tiempo en plataforma de la lucha de clases y germen de la desintegración de la unidad nacional.

Desafortunadamente, ni los últimos gobiernos de Franco ni, después, los sucesivos gobiernos de la Monarquía instaurada por Franco en la persona de Don Juan Carlos de Borbón, fueron capaces de acertar con esa democracia «auténtica, ordenada y efectiva», esa democracia realmente representativa y sin partidos políticos (en cierto modo, lo de "partido único" había pasado a la historia), a la que aspiraba en 1966 la media España que ganó la guerra civil, en beneficio, por supuesto de todos los españoles.

La verdad es que las condiciones de contorno (Europa, la URSS y la misma Iglesia postconciliar) no iban a ayudar nada.

En su discurso, Franco recapituló las previas Leyes Fundamentales: El Fuero del Trabajo (1938), Ley de Creación de las Cortes Españolas (1942), el Fuero de los Españoles (1945), la Ley de Referéndum (1945), la Ley de Sucesión (1947) y la Ley de Principios del Movimiento Nacional (1958). En cuatro de ellas se estaban introduciendo algunos cambios. La nueva Ley Orgánica separaba las funciones de Jefe de Estado y Jefe de Gobierno, que hasta entonces había detentado Franco, y establecía un procedimiento para la elección del último por el Consejo del Reino. Se introducía también la elección libre directa de un tercio de los procuradores en Cortes por los cabezas de familia y las mujeres casadas. Los dos tercios restantes seguirían eligiéndose, como hasta entonces, entre los representantes sindicales, las asociaciones profesionales y los *representantes* del Movimiento. La verdad es que la representatividad real de estos dos tercios no llegó nunca a niveles mínimamente aceptables, y tal representatividad se fue prolongando automática e indebidamente.

El artículo 6 del Fuero de los Españoles fue modificado para acomodarse a las directrices del Concilio Vaticano II, dando plena libertad al culto de las religiones no católicas, hasta entonces restringido en cierta medida.

El Fuero del Trabajo fue modificado, sustituyendo el texto original que prohibía «aquellas acciones individuales o colectivas que, de alguna manera, perturben la normal producción o la amenacen» (es decir, la huelga, en general), por un nuevo texto en el que se cambiaba lo de «acciones individuales o colectivas» por «acciones ilegales», abriendo así un portillo a las huelgas puramente laborales, sin intencionalidad política partidista clara.

El Consejo de Reino se ampliaba y se declaraba su precedencia sobre otros cuerpos consultivos. Se daban también normas para la designación del rey o regente en caso de muerte o incapacidad del Jefe del Estado.

El futuro Rey, fuera éste el pretendiente Don Juan, o su hijo, Don Juan Carlos, debería jurar lealtad a las Leyes Fundamentales del Movimiento. En ellas se declaraban ilegales todos los partidos políticos que se situaran fuera del marco de las instituciones contempladas en la nueva Ley Orgánica. Franco pensó, quizá un tanto ingenuamente, que con el juramento de Don Juan Carlos, tres años después, ante las Cortes y ante el país, como futuro rey, dejaba todo «atado y bien atado». Como es bien sabido, no fue así, sino todo lo contrario.

El 14 de diciembre de 1966 se celebró el Referéndum nacional en el que todos los españoles pudieron decir *Sí*, *No* o abstenerse a la Ley Orgánica de Franco.

Solo algunas revistas de relativamente escasa circulación como *Cuadernos para el Diálogo*, fundada por Joaquín Ruiz Giménez, exministro de Educación Nacional con Franco de 1951 a 1956, y órgano entonces del sector más *progresista* de la Democracia Cristiana, hicieron campaña por el *No*. El Partido Comunista, la única oposición al régimen claramente efectiva (y claramente identificable) entonces optó por la abstención. Lo mismo hicieron los socialistas del exterior y del interior. No es ocioso decir que España era y había sido por muchos años un país con fronteras abiertas, con más de medio millón de trabajadores españoles repartidos por Europa y por diversos países de América, con los principales periódicos de todo el mundo disponibles en los kioscos de Madrid, Barcelona, Bilbao o Valencia y con una plétora de radios y televisiones extranjeras fácilmente accesibles en las principales capitales españolas. Por tanto, es cierto que el *No* no tuvo las mismas oportunidades que el *Sí* en las emisoras nacionales; pero también lo es que los votantes sabían que un *Sí* era un *Sí* a Franco y a la futura Monarquía. Ellos suponían, naturalmente, que se trataba de una Monarquía que iba a evolucionar notablemente, pero sin renegar abiertamente de las directrices originales de la España nacional vencedora de la guerra civil. La reconciliación entre las dos Españas ya había tenido lugar muchos años antes, aunque las brasas remanentes, convenientemente atizadas por manos expertas, podían, naturalmente, reencender la hoguera.

Votaron en el referéndum más de diecinueve millones de españoles, cerca del 89% del censo, lo cual no fue ciertamente un resultado halagüeño para comunistas y socialistas, que habían preconizado la abstención. De ellos, el 96% votaron *Sí*. Solo un 1.79% votaron *No* (menos de 350.000). Si repartimos equitativamente la escasa abstención, 11%, entre abstención normal sin intención política a favor o en contra, y abstención intencionada políticamente, el voto de la extrema izquierda (comunistas y socialistas) no llegaba entonces ni siquiera a un 6%, más o menos, con un margen de error relativamente pequeño.

Los corresponsales extranjeros atestiguaron entonces la perfecta normalidad de la jornada electoral.

Como señala acertadamente Brian Crozier (2. *Franco: historia y biografía* [EMESA: Madrid, 1969], p. 284):

Franco, naturalmente, tuvo que quedar sumamente satisfecho. Había sido temido primero; luego tolerado, finalmente aceptado. Ahora, al parecer, había logrado despertar una especie de afecto. Esto podría parecer paradójico si no se tienen en cuenta muchas pruebas de insatisfacción que se observan en España, desde las huelgas estudiantiles hasta el velado criticismo de la prensa. Pero esta claro que, con la excepción de la irreconciliable (e ilegal) oposición, la insatisfacción es con el régimen, no con el hombre que rige sus destinos. Franco es popular, como el calor de las multitudes que lo vitorean lo demuestra, incluso en Barcelona, donde simboliza todos los prejuicios contra el centralismo. Es popular porque su presencia significa estabilidad y es garantía frente a la dominación por cualquiera de los grupos mutuamente antagónicos de su gobierno.

En los sucesivos gobiernos de Franco había habido falangistas, monárquicos, liberales, democristianos y tecnócratas. Probablemente, esos gobiernos fueron mucho más plurales o *pluralistas* de lo que lo serían después los gobiernos de UCD,

PSOE y PP. Pero, hasta pocos años antes de su muerte, Franco mantuvo la autoridad moral y la mano izquierda necesarias para utilizar a unos y otros a favor del bien común, sin dejar que prevaleciera ninguna de estas tendencias.

Desde luego, muchos de los españoles de la generación del 36 y de la siguiente, incluidos muchos que estuvieron al principio al lado de la República, pero que se habían distanciado luego al ver el desastre al que ésta había conducido a España, veían con buenos ojos en 1966 una *continuidad* política compatible con la mejor integración posible en la Comunidad Europea, pero no terminaban de creerse aquello de que Franco lo dejaba todo «atado y bien atado».

Las jóvenes generaciones no habían vivido directamente el convulso primer tercio del siglo XX español, y, por tanto, eran mucho más fácilmente manipulables por la izquierda. A partir de los años sesenta, las generaciones jóvenes se habían ido desenganchando progresivamente (debido en buena parte a los cambios habidos por aquellos mismos años en la Iglesia postconciliar) de los ideales que habían movilizado el 18 de julio de 1936 a sus padres y abuelos.

III

LA TRANSICIÓN

1969, 22 de julio: Don Juan Carlos
jura el cargo

1973, 20 de diciembre: Asesinato de
Carrero Blanco

1975, 20 de noviembre: Muerte de Franco

1976, 18 de noviembre: *Harakiri* de las Cortes
Españolas

1977, 9 de abril-15 de junio: Legalización
del PC-Elecciones Generales

1978, 6 de diciembre: Constitución del Estado
de las Autonomías

1969, 22 DE JULIO:
DON JUAN CARLOS JURA EL CARGO

Tras el clamoroso refrendo de la Ley Orgánica en diciembre de 1966, se sucedieron hechos importantes que iban a complicar mucho la *transición ordenada* prevista por Franco. La subversión estudiantil en la universidad crece de tono. Es cierto que dicha subversión no es, ni mucho menos, un fenómeno exclusivo de España. Ya hacía años que en los EE.UU. (desde las universidades de California y Berkeley en el Oeste, hasta las de Columbia y Pensilvania en el Este), la rebeldía estudiantil, impulsada por la revolución *hippy* y atizada por las protestas contra la guerra de Vietnam, alcanza cotas muy elevadas. Y en mayo de 1968 se producen estallidos estudiantiles en París y Berlín: «Seamos realistas, pidamos lo imposible», etc. Los disturbios estudiantiles están a punto de hacer caer el gobierno de De Gaulle. En España no llegaron a tanto, pero dichas protestas, aparentemente espontáneas, sistemáticamente apoyadas no obstante por la extrema izquierda comunista, fueron haciendo un impacto considerable en la opinión pública.

Por aquellos años inmediatos a la clausura del Concilio Vaticano Segundo, la Iglesia Católica, que en 1936-39 había apoyado sin reservas la reacción nacional contra la revolución anarco-soviética, y había sido inspiradora principal de los principios fundamentales de la España nacional (basados en la doctrina social de la Iglesia, denominador común de tradicionalistas, democratacristianos y falangistas), empieza a tomar distancias de ella durante el pontificado de Pablo VI, desautorizando el régimen confesional español que había quedado plasmado en el Concordato de 1953. En pocos años, los sucesivos Nuncios en Madrid contribuyen decisivamente a cambiar la actitud del Episcopado, hasta entonces favorable al orden social surgido de la contienda civil, de un modo gradual pero extraordinariamente efectivo.

Las organizaciones católicas seglares, en especial la Acción Católica, que habían dado miles de mártires a la Iglesia durante la guerra y habían participado en el fervor religioso y patriótico de la postguerra inmediata, empezaron a perder efectivos en gran escala y sufrieron una profunda transformación en pocos años. La lucha por la justicia social, algo perfectamente legítimo y en consonancia con la doctrina social de la Iglesia, desde siempre, se polariza poco a poco a solidarizarse con las *justas* reivindicativas de la izquierda. Años después resultaría evidente que esas reivindicaciones no eran tan desinteresadas como parecían en un principio. De hecho, era innegable que las condiciones de vida de los trabajadores de los países dominados por el comunismo eran mucho peores que en los del mundo libre tanto en España como en América.

Los sindicatos *ilegales* surgidos al margen de la Organización Sindical y apoyados directamente en su origen por elementos eclesiásticos, empiezan a actuar de forma tan abierta que apenas pueden calificarse como clandestinos. El propio ministro, José Solís, convoca un Congreso Sindical para mayo de 1968 –que vino a coincidir con los altercados estudiantiles del mayo francés– para estudiar la reforma de dicha Organización Sindical. El congreso fue precedido de una amplia encuesta y seguido por la visita de una delegación de la OIT que resultó conflictiva, como era previsible. López Rodó y Silva se oponían rotundamente a que el anteproyecto de reforma se discutiera en Consejo de Ministros presidido por Franco. En éste se produjo una confrontación entre Fraga, Nieto Antúnez, Díaz Ambrona y Sánchez Arjona (a favor de la nueva Ley Sindical) y López Rodó, Silva, Oriol, Espinosa y Romero Gorría (en contra de la misma). La encuesta entre los trabajadores daba una clara mayoría (80%) a los que estaban a favor de una Ley Sindical amplia y detallada, con carácter de Ley Fundamental, en la que las bases trabajadoras podían elegir a sus dirigentes normalmente. Al mismo tiempo, también por una clara mayoría, los trabajadores declaraban en la encuesta su preferencia por un sindicato único. La afirmación simultánea de «unidad, generalidad, representatividad, asociación y participación» no quedaba, pues, demasiado clara, y menos en cuanto a su posible puesta en práctica.

La OIT, dominada entonces por tres grandes grupos de presión, Confederación Obrera de Sindicatos Libres (de izquierda socialista); Federación Mundial de Sindicatos (comunista), y Confederación Internacional de Sindicatos Cristianos (intermedia ideológicamente entre la izquierda socialista y la comunista), tuvo un papel muy desfavorable con relación al congreso de Tarragona. La comisión de la OIT enviada a Madrid (que se entrevistó con Marcelino Camacho – cuya filiación comunista no era entonces pública–; Julián Ariza – previamente detenido por agitación huelguista–, Ruiz Giménez y Tierno Galván –profesores universitarios sancionados) se manifestó unánime en dos puntos concretos: que el régimen surgido de la victoria en la Guerra Civil debía ser desmantelado, y que la unidad en una gran organización sindical democrática encerraba ventajas indudables para el movimiento obrero.

Mientras tanto, un enfrentamiento entre la Organización Sindical y el Plan de Desarrollo se fue haciendo cada vez más grave en el seno del Consejo de Ministros. Según Luis Suárez, la toma de posición de Carrero Blanco, en contra del proyecto de Ley Sindical, logró convencer a Franco. Los tecnócratas habían ganado la batalla.

En el verano de 1968, *Euskadi Ta Askatasuna* (ETA) inicia una guerra terrorista que ha seguido a lo largo de más de cuarenta años y todavía no ha terminado del todo. No es éste el lugar adecuado para entrar en detalle en la evolución de un movimiento independentista desde unos orígenes *catolicarras* a su mayoría de edad *marxista-leninista*. La existencia de cuatro versiones del euskera (vizcaíno, guipuzcoano, suletino y labortano) fue artificiosamente superada mediante la fusión de los cuatro en una lengua común, el *batua*, para los vascos de ambos lados de los Pirineos. ETA tendría, pocos años después, un protagonismo decisivo en la *transición* española, al protagonizar el asesinato de Carrero Blanco en 1973. Andando el tiempo, ETA establecería contactos estrechos con otras organizaciones terroristas virulentas como el IRA irlandés y la FLP palestina. Por otra parte, las conexiones entre ETA y buena parte del clero vasco, apoyado cada vez más por los propios obispos, se fueron haciendo cada vez más notorias.

* * *

En la mañana del 22 de julio de 1969 se celebró la solemne sesión de las Cortes Españolas en la que Don Juan Carlos de Borbón juraría el cargo como Príncipe de España con derecho a sucesión. Los procuradores habían sido advertidos de que debían encontrarse en sus escaños media hora antes del comienzo de la sesión.

Franco había preparado un discurso utilizando notas que Carrero Blanco y, a través de él, López Rodó, y otras personalidades destacadas de su confianza, le habían hecho llegar.

Luis Suárez, en el capítulo 16 de *Los caminos de la instauración: Desde 1967 hasta 1975* (Actas: Madrid, 2007), hace el siguiente resumen:

«El Movimiento Nacional, iniciado en los graves momentos en que estábamos empeñados en una dura guerra para salvar a la Patria, ha demostrado, al correr de estos treinta años, la capacidad creadora necesaria para encontrar las soluciones más adecuadas a la demanda de cada situación».

Tras hacer exposición de las Leyes Fundamentales, evocando sus propias palabras, Franco enunció el objetivo de «llegar a instaurar en la nación el Régimen secular que hizo su unidad y su grandeza histórica». Don Juan Carlos de Borbón era el cumplimiento de aquella promesa. Franco descalificó duramente a la República, «cuyo balance no pudo ser más trágico», y reconoció que el verdadero mal no procedía del régimen político sino de los partidos. «El mal no residía en sus hombres, sino en el sistema. Lo padeció nuestra monarquía, bajo el sistema parlamentario de la democracia inorgánica, basado en los partidos políticos, que la arrastró a sucumbir, ante el simple hecho de unas elecciones municipales, en que se perdió la mayoría en las grandes ciudades.

[...] El Reino que nosotros, con el asentimiento de la Nación, hemos establecido, nada debe al pasado; nace de aquel acto decisivo del 18 de julio, que constituye un hecho histórico trascendente que no admite pactos, ni condiciones». (En este momento, los procuradores presentes en el hemiciclo puestos en pie interrumpen con sus aplausos al Jefe del Estado).

La que se instauraba era una «Monarquía tradicional, católica, social y representativa». Y continúa: «La *legitimidad de ejercicio* [subrayado añadido] constituye la base de la futura Monarquía, en la que lo importante no es la forma, sino precisamente el contenido».

Según Franco, «se trata, pues, de una instauración y no de una restauración». Votaron públicamente a favor de la ley 491 procuradores (muchos, con reservas, porque Franco así se lo había pedido); en contra, 19; abstenciones, 9; ausentes, 13. Entre los que votaron se encontraban tres consejeros de Don Juan, el marqués de Valdeiglesias, García Valdecasas y Fanjul. Otros muchos consejeros que no eran procuradores manifestaron después su asentimiento.

Es tradición de la Monarquía española que los reyes sean jurados y proclamados pero no coronados. Lo es también que al ser reconocidos como sucesores por las Cortes, los príncipes, lo mismo que los reyes, si antes no lo habían hecho, juren fidelidad a las leyes que reflejan los usos y costumbres del Reino. Don Juan Carlos, en voz bien audible, juró lealtad a S.E. el Jefe del Estado y a los Principios del Movimiento Nacional y demás Leyes Fundamentales del Reino. Ésta era la misma fórmula que juraban todos los funcionarios al hacerse cargo de sus responsabilidades.

Don Juan Carlos leyó a continuación un largo discurso que con anterioridad había leído a Franco por dos veces:

Plenamente consciente de la responsabilidad que asumo, acabo de jurar, como sucesor a título de Rey, lealtad a Su Excelencia el Jefe del Estado y fidelidad a los Principios del Movimiento Nacional y demás Leyes Fundamentales del Reino.

Recibo [...] la legitimidad política surgida el 18 de julio de 1936 [...].

El haber encontrado el camino auténtico y el marcar la clara dirección de nuestro porvenir son la obra del hombre excepcional que España ha tenido la inmensa fortuna de que haya sido y siga siendo por muchos años el rector de nuestra política.
[...]
Las más puras esencias de nuestra gloriosa tradición deberán ser siempre mantenidas [...]. Nuestra concepción cristiana de la vida, la dignidad de la persona humana como *portadora de valores eternos* [subrayado añadido del autor] son base y a la vez fines de la responsabilidad del gobernante en los distintos niveles de mando.
[...]
A pesar de los grandes sacrificios que esta tarea pueda proporcionarme, estoy seguro que mi pulso no temblará para hacer cuanto fuere preciso en defensa de los principios y leyes que acabo de jurar.

Otto de Habsburgo y Austria Hungría, entre otras personalidades, hizo llegar a Don Juan Carlos sus calurosas felicitaciones. La agencia *Associated Press*, por su parte, transmitió una Nota del Partido Socialista Español clandestino en la que se atacaba enérgicamente el nombramiento de Don Juan Carlos como heredero al trono español. Don Salvador de Madariaga, que defendiera en otro tiempo el restablecimiento de la Monarquía en España, y que había propugnado en su momento la *democracia orgánica* para España, publicó artículos en la prensa italiana calificando los actos de los días 22 y 23 de julio en las Cortes Españolas como «ejemplo típico de despotismo».

Lo afirmado por Don Juan Carlos en las Cortes Españolas en 1969 no tiene nada que ver con lo que se recogería en 1978 en la Constitución del consenso.

1973, 20 DE DICIEMBRE: ASESINATO DE CARRERO BLANCO

España tiene el dudoso honor de ser una de las naciones con más presidentes del gobierno asesinados a lo largo del siglo XX. José Canalejas fue asesinado el 12 de noviembre de 1912; Eduardo Dato, el 8 de marzo de 1921, y Luis Carrero Blanco, el 20 de noviembre de 1973.

Carrero Blanco había nacido en Santoña (Santander) en 1904. Había elegido la carrera de las armas en la Marina. Al iniciarse la Guerra Civil se refugió primero en la Embajada de México y luego en la de Francia. En 1937 logra pasarse a la España nacional y pronto se incorpora a la Marina de Guerra, siendo destinado al destructor *Huesca* como Capitán de Corbeta y, poco después, al submarino *Sanjurjo*. En agosto de 1939, pasa a ser jefe de operaciones del Estado Mayor de la Armada, y en 1940 es ascendido a Capitán de Fragata. Al estallar la Segunda Guerra Mundial había emitido un convincente informe recomendando la neutralidad. En 1941 es nombrado Subsecretario de la Presidencia de Gobierno. Diez años después es ascendido a Ministro de la Presidencia.

El 22 de junio de 1967, muy poco después del referéndum en el que el pueblo español, por abundante mayoría, refrendaba la Ley Orgánica de 1966, Carrero Blanco es nombrado Vicepresidente del Gobierno. Y el 9 de junio de 1973 se convierte en el primer Presidente de Gobierno de la postguerra. Iba a durar muy poco en el cargo, brutalmente asesinado por ETA el 20 de diciembre de 1973.

Dos años antes, durante la estancia oficial de Nixon en Madrid, el presidente norteamericano sostiene una larga entrevista con Carrero Blanco, recogida por el general Vernon Walters en su libro *Silent Missions* (Doubleday & Company: New York, 1978). En ella, Carrero expresó su convicción de que los comunistas estaban socavando la voluntad de resistencia de Occidente por medio de una propaganda falaz, destruyendo al mismo tiempo los valores tradicionales y diseminando pornografía y drogas entre las jóvenes generaciones. En la transcripción que Walters hace de la entrevista, Carrero comparaba la laxitud moral de nuestro tiempo con la que prevalecía en Roma a la caída del Imperio, y decía: «Los bárbaros están esperando al otro lado de la muralla».

El asesinato del almirante Carrero Blanco tuvo lugar el 20 de diciembre de 1973 a la salida de Misa un día de diario en la iglesia de los jesuitas de la calle Serrano, situada frente a la Embajada de los EE.UU. Una tremenda explosión hizo volar su coche en la calle Claudio Coello, 104, colindando con dicha iglesia. Desde 1972, el comando etarra *Txikia* pone en marcha la *Operación Ogro*, encaminada a asesinar al por entonces todavía vicepresidente del Gobierno español. Carrero Blanco solía oír Misa a la misma hora todos los días en el templo de los jesuitas, lo cual facilitaba mucho las cosas. Miembros del comando alquilan un semisótano en la calle Claudio Coello, 104, y cavan un túnel hasta el centro de la calzada. El 20 de diciembre, al pasar en automóvil con Carrero Blanco, acompañado por un policía nacional de escolta y el conductor, los etarras hacen explotar una carga de 100 kilos y el automóvil vuela por los aires hasta la azotea del edificio contiguo, anejo a la iglesia de los jesuitas. La cercanía de la Embajada de los EE.UU. al lugar del brutal asesinato daría lugar por entonces a comentarios malintencionados. Muchos años después, en 2008, se iba a desclasificar una Nota de la Embajada a la Secretaría de Estado Norteamericana, en la que se decía que la desaparición de Carrero Blanco era «lo mejor» que podía ocurrir (¿mejor para quién?). Parece que durante la guerra de Yom Kipur (octubre de

1973), el presidente de Gobierno español se había opuesto a la utilización de las bases conjuntas hispano-norteamericanas para intervenir en Oriente Medio. Ello dio pie a que la agencia *Tass* (que nunca fue un paradigma de amor a la verdad, es justo decirlo) afirmara que la CIA había estado involucrada en el asesinato del almirante Carrero Blanco

Casi exactamente cinco años después, el Renault 5 que ocupaba José Miguel Beñaran, *Argala*, miembro destacado del comando que asesinó a Carrero Blanco, saltó por los aires con su ocupante en una localidad del sur de Francia al hacer explosión una carga de dinamita colocada por un capitán de la Guardia Civil, componente de un comando antiterrorista español. Los autores del asesinato de Carrero Blanco, previamente condenados a muerte en su día (la pena de muerte estaba vigente entonces en la mayoría de los países europeos), habían sido amnistiados después por el Gobierno español en una amnistía general indiscriminada, cuyos principales beneficiarios fueron los terroristas de ETA. (según reportaje publicado en *El Mundo*, 21 de diciembre de 2003).

Hay que reconocer que los asesinos de ETA, guiados por su odio a España, acertaron plenamente al elegir como víctima al almirante Carrero Blanco, hombre de máxima confianza de Franco en aquel momento. De haber sido más adelante presidente de Gobierno, ¿habría aceptado Carrero Blanco la entrega del Sahara Español a Marruecos en 1975? ¿Habría aceptado el desmantelamiento sin más de una España unida y en paz para transformarla de la noche a la mañana en 17 autonomías apenas unidas por una débil Monarquía, con Cataluña y el País Vasco en vías de fragmentarse? ¿Habría aceptado la legalización, con todos los honores, del Partido Comunista?

Como diría algunos años después Alexander Solzhenytsyn: «El presidente del Gobierno de España es asesinado y toda la Europa civilizada se muestra encantada» (Citado en Luis Suárez, *Los caminos de la instauración*, ed. cit., p. 798).

La evolución hacia una democracia nacional y representativa podría haberse realizado con éxito. Pero no fue así. Al morir Carrero Blanco, el Ejército, que en la muerte de Franco era la pieza clave para garantizar una evolución ordenada, representativa y nacional, no fue capaz de cumplir con su cometido, aunque lo intentó, ingenuamente y demasiado tarde.

Aprovechando el declive imparable de la salud de Franco, la escalada marroquí en el Sahara y la escalada terrorista dentro del país siguieron su curso sin obstáculos insalvables. En las elecciones sindicales de aquel año se hizo claro el predominio de Comisiones Obreras, que había concurrido con Unidad Sindical Obrera en una sola candidatura autodenominada demócrata independiente. El Tribunal Supremo había rebajado las penas impuestas a los acusados en el proceso 2001, lo que significaba que pronto iban a ser puestos en libertad. En el ámbito eclesial, los partidarios de la llamada Teología de la Liberación ganaban adeptos. El P. Erquicia, sacerdote separatista vasco, abogaba por «volver a interpretar la fe desde la lucha de clases». La Comisión Nacional de Justicia y Paz hizo público un documento durísimo combatiendo al Régimen y extendiendo sus ataques a la propia Iglesia española, acusándola de complacencia con el autoritarismo no democrático. Su lema era *ruptura* frente a *continuidad*, en línea con la famosa Asamblea Conjunta de 1971, de infausta memoria.

Entonces ya era un poco tarde, pero hubiera sido mucho más inteligente por parte del gobierno propiciar en aquel momento la organización de grupos de oposición socialdemócrata y liberal moderados, reservando para el grupo todavía mayoritario, que no se consideraba ni de derechas ni de izquierdas, la continuidad con los que se habían alzado en 1936 por Dios y por España, y habían alcanzado la victoria precisamente porque trascendían las categorías de derecha e izquierda entre otras cosas.

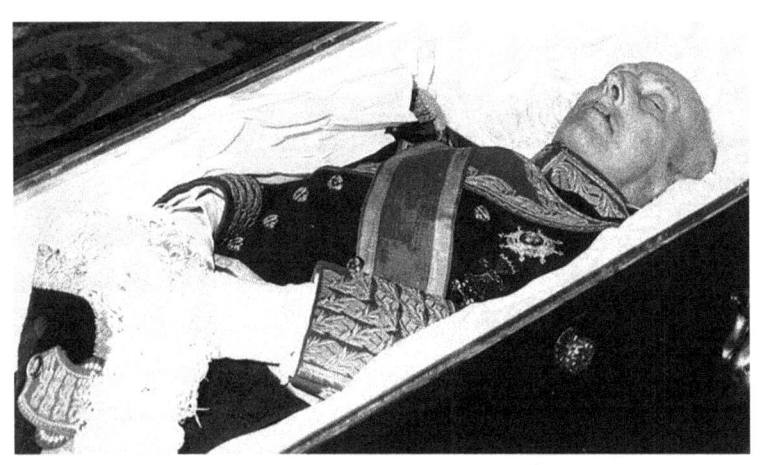

1975, 20 DE NOVIEMBRE: MUERTE DE FRANCO

Desde marzo de 1975 se había desencadenado una ofensiva terrorista a cargo de ETA y otros grupos más o menos afines. Pocos años después se diría que el Rey había sido el *motor* del cambio. Pero hubiera sido más acertado decir que el verdadero motor del cambio en aquellos años fue ETA, organización en la que el odio a España se confundía con un acendrado *marxismo-leninismo*.

Según Luis Suárez (*Los caminos de la instauración: Desde 1967 a 1975*, ed. cit.), en la primavera de 1975 se estaba produciendo un intento de cambio en la gestión gubernamental que trataba de hacer compatibles apertura con firmeza, en una transición que se veía ya inminente. Desgraciadamente, los obispos españoles más destacados (Tarancón, Jubany, Díaz Merchán, etc.), seguramente bien intencionados, no supieron estar a la altura de las circunstancias, y adoptaron una actitud abiertamente contemporizadora con el terrorismo y con la izquierda radical que se había adueñado de los sindicatos (ya entonces seriamente infiltrados por comunistas y socialistas) y de las organizaciones eclesiales progresistas, al mismo tiempo que tales obispos descalificaban a organizaciones conservadoras como el Opus Dei y la Hermandad Sacerdotal. En la guerra, los obispos españoles (los que no habían sufrido martirio muchas veces cruel) sí supieron estar a la altura de las circunstancias (Gomá, Eijo y Garay, Plá y Deniel) y jugaron un papel importante en la movilización de los católicos españoles por Dios y por España, aunque no hubieran tenido parte alguna en el alzamiento cívico-militar.

El 31 de mayo de 1975, el presidente de los EE.UU., Gerald Ford, visitó a Franco en El Pardo y permaneció con él varias horas, lo que puede considerarse un homenaje al hombre que había infligido la primera derrota al comunismo en el campo de batalla. Las palabras del Generalísimo fueron en aquella ocasión las siguientes:

> Nuestros dos países están consagrados al mantenimiento de los valores que constituyen el fundamento de nuestro mundo occidental [...]. Quiero haceros llegar, señor Presidente, mi reconocimiento y el del pueblo español porque habéis querido demostrar, al realizar esta visita a Madrid, que España constituye una de las etapas fundamentales de vuestro viaje a Europa.

Franco era, en relación con el Sahara Español, decididamente partidario de un proceso de autodeterminación, ya acordado por la ONU, un proceso que sería acompañado de garantías económicas y militares de parte de España. El rey Hassan de Marruecos, por su parte, intentaba convencer a los norteamericanos de que él era la mejor garantía frente a una eventual expansión comunista hacia el Atlántico. Desgraciadamente, ministros del Gobierno de Arias Navarro y, lo que es más grave, el Príncipe de España, dieron señales entonces de estar dispuestos a abandonar el Sahara. Solo el ministro de Asuntos exteriores, Cortina Mauri, mantenía una postura firme frente a las aspiraciones marroquíes.

En enero de 1975 se había abierto ya el plazo para que se constituyeran formalmente las asociaciones políticas, de acuerdo con el decreto-ley firmado por Franco el 27 de diciembre de 1974. Fraga, Areilza, Silva y Fernández de la Mora habían mostrado su interés en aprovechar los nuevos cauces participativos buscando una apertura mayor que la contemplada en el citado decreto-ley. Fraga, embajador en Londres, hizo llegar un programa en este sentido a Franco, que fue rechazado por el Generalísimo.

Herrero Tejedor, recabando la ayuda del entonces director general de Televisión, Adolfo Suárez, elaboró entonces un nuevo proyecto de Asociación Política, *Unión del Pueblo Español*, que sería más tarde abandonado, aunque iba a ser en cierto modo el germen de lo que más tarde se llamó la *Unión Democrática Española*, y luego UCD, después de la muerte de Franco.

El 23 de junio de 1975 el Dodge de Herrero Tejedor chocó violentamente con un camión en las inmediaciones de Adanero, con el resultado de la muerte de del ministro Secretario del Movimiento. Herrero había sido socio supernumerario del Opus Dei y gozaba también, al parecer, de la confianza de Don Juan Carlos de Borbón. Esta muerte, casual o intencionada, iba a tener graves consecuencias. El proyecto de una gran asociación política que recogiera lo que quedaba del Movimiento murió con él. Franco pidió a Arias que designara para sustituirlo a Solís. Éste había dicho pocos días antes en conferencia pronunciada en el Club Siglo XXI, que lo que él esperaba de la Unión del Pueblo Español era «continuidad y no ruptura», y otros muchos pensaban lo mismo que él.

En el comienzo de verano de 1975 el prestigio del Gobierno Arias había descendido hasta niveles muy bajos, hasta el punto que Arias decidió presentar su dimisión con fecha de 23 de julio, pero Solís y García Hernández le disuadieron de hacerlo. La Conferencia de Seguridad Europea celebrada en Helsinki le permitió recobrar parte de su confianza.

El 14 de agosto, en una audiencia a los representantes de la Hermandad de Alféreces Provisionales en el Pazo de Meirás, se vio a Franco llorar, sometido, como estaba, a toda clase de presiones para que no precipitara la sucesión en la persona de Don Juan Carlos de Borbón. Para muchos de los que podían considerarse inquebrantables del Movimiento, la sucesión iba a desembocar, irremediablemente, en la desaparición de lo que quedaba del mismo.

No hubo suerte entonces para España. Si a la muerte de Franco hubiera habido una personalidad política o militar con la entereza y la visión necesaria para hacer frente a aquella difícil situación; una personalidad capaz de mantener unidas a las distintas tendencias (falangistas, tradicionalistas, democristianos, liberales, socialdemócratas) que habían colaborado hasta entonces, otro gallo nos cantara.

A todo esto, la Jerarquía Española y el Vaticano jugaron entonces un triste papel, defendiendo, una y otra vez, con la contemporización y el diálogo, a los terroristas de ETA, GRAPO y FRAP. El cardenal Tarancón dijo en septiembre de 1975: «Si Pablo VI habla con Franco, los indulta [se refería a los autores de una serie de varios asesinatos en cadena de policías y guardias civiles]. ¡Claro que los indulta!». Es posible que hubiera sido más pragmático por parte del Gobierno diferir *sine die* las ejecuciones de las penas de muerte (castigo que estaba vigente entonces en la mayoría de los países de la Europa civilizada) que ejecutarlas inmediatamente. La reacción en Europa contra el Gobierno español fue absolutamente desproporcionada. Las palabras del Papa (entonces justamente criticadas) *deploraban* los asesinatos mientras hacían una *condena vibrante* de las ejecuciones. Todos los países europeos donde gobernaban los socialistas llamaron a sus embajadores, preparando así la ruptura de relaciones con España. Las cadenas de televisión en Francia e Italia hicieron entrevistas a los terroristas cubiertos con capuchas. Para observadores imparciales (el autor de estas líneas vivía entonces fuera de España, y puede dar fe de ello), este comportamiento resultaba difícil de entender. Varias legaciones españolas en el extranjero sufrieron incendios, agresiones y asaltos. Agresiones de este tipo en 1946 contra la soberanía española se habían encontrado entonces con el rechazo terminante del pueblo en la España nacional.

El 1 de octubre, desde el balcón del Palacio Real, Franco se dirigió por última vez a la multitud que le aclamaba en el treinta y nueve aniversario de su designación como Jefe del Estado: «Las agresiones de las que han sido objeto varias de nuestras representaciones nos demuestran, una vez más, lo que podemos esperar de determinados países corrompidos...». Lo que Franco no dijo entonces, y no podía decir porque todavía no era un hecho cierto, es que España estaba dejando de ser *diferente*, y que se estaba convirtiendo poco a poco en uno más de esos países *corrompidos*. Las tasas de divorcio y de aborto, de consumo de droga y de pornografía se iban a hacer comparables pronto a las de los más avanzados países europeos, gracias a una clase política incompetente.

El 12 de octubre, Franco preside todavía el acto conmemorativo de la Hispanidad. Los síntomas de la enfermedad se hacían cada vez más patentes. El corazón le empezaba a fallar. El 16 de octubre se da a conocer el fallo del Tribunal de la Haya, contrario a las aspiraciones marroquíes en el Sahara. Pero, contra lo esperado, Hassan II desencadena la *Marcha Verde* (verde es el color del Profeta). El asunto pasa a la consideración del Consejo de Ministros. Franco, conectado a un electrocardiógrafo, lo presidía. En un momento determinado, cuando se pronuncia la palabra *Sahara*, el aparato registra un infarto y Franco cae en coma. El 20 de octubre, el P. Bulart, siempre cercano a Franco en momentos de peligro para su salud, le administra la extremaunción. En el tiempo que transcurre hasta su muerte (casi un mes), Don Juan Carlos de Borbón es la autoridad máxima del país y es, por tanto, responsable de las decisiones críticas tomadas entonces, como la de abandonar el Sahara. Franco es intervenido quirúrgicamente en cuatro ocasiones a lo largo del mes de noviembre. En su entorno se vive un drama profundo. Es evidente que Franco sufrió mucho. Sus familiares y allegados, también.

La noche del 19 al 20 de noviembre, Televisión Española da la noticia de la muerte de Franco. Es el presidente Arias Navarro, con voz entrecortada, quien la da: «Españoles, Franco ha muerto».

A continuación, lee el último mensaje del Caudillo, escrito por él unos días antes y transcrito a máquina por su hija Carmen. Es el mismo en que Franco se despide así de los españoles:

> Al llegar para mí la hora de rendir la vida al Altísimo y comparecer ante Su Inapelable Juicio, pido a Dios me acoja benigno a Su presencia, pues quise vivir y morir como católico. En el nombre de Cristo me honro y ha sido mi voluntad constante ser hijo fiel de la Iglesia, en cuyo seno voy a morir.
>
> Pido perdón a todos, como de todo corazón perdono a cuantos se declararon mis enemigos, sin que yo los tuviera por tales. Creo y deseo no haber tenido otros que aquellos que lo fueron de España, a

la que amo hasta el último momento y a la que prometí servir hasta el último aliento de mi vida, que ya sé próximo.

Quiero agradecer a cuantos han colaborado con entusiasmo, entrega y abnegación en la gran empresa de hacer una España unida, grande y libre.

Por el amor que siento por nuestra Patria, os pido que perseveréis en la unidad y en la paz y que rodeéis a Don Juan Carlos de Borbón del mismo afecto y lealtad que a mí me habéis brindado y le prestéis, en todo momento, el mismo apoyo de colaboración que de vosotros he tenido.

No olvidéis que los enemigos de España y de la civilización cristiana están alerta. Velad también vosotros y deponed, frente a los supremos intereses de la Patria y del pueblo español, toda mira personal.

No cejéis en alcanzar la justicia social y la cultura para todos los hombres de España y haced de ello vuestro primordial objetivo. Mantened la unidad de las tierras de España, exaltando la rica multiplicidad de sus regiones como fuente de la fortaleza de la unidad de la Patria.

Quisiera, en mi último momento, unir los nombres de Dios y de España y abrazaros a todos para gritar juntos, por última vez, en los umbrales de mi muerte: ¡Arriba España! ¡Viva España!

Cuando se produjo la muerte de Franco, el autor de estas líneas se encontraba en Puerto Rico, y pudo ver de primera mano la reacción de sus colegas en la Universidad y en el Centro Nuclear en Mayagüez. Mortimer Key, amigo e investigador neoyorquino de origen judío, le pasó el ejemplar del *New York Times* con la noticia, extraordinariamente respetuosa, en la que se recogía palabra por palabra el testamento de Franco.

El pueblo de Madrid, en interminables colas, tributó a sus restos mortales un homenaje impresionante. Jefes de Estado de los principales países de Europa y América vinieron a Madrid para participar en las honras fúnebres.

¿Quién lo diría hoy treinta y nueve años después?

Para las nuevas generaciones, la historia se ha reescrito por completo. Ha costado casi cuarenta años, pero lo han conseguido.

1976, 18 DE NOVIEMBRE: *HARAKIRI* DE LAS CORTES ESPAÑOLAS

El 18 de noviembre de 1976, catorce años después del famoso Congreso Europeo de Munich, en el que Gil Robles (miembro del Consejo privado de Don Juan de Borbón), en representación de los monárquicos democristianos, y Rodolfo Llopis, en la de los socialistas, declararan inaceptable una ordenada evolución del Régimen surgido del 18 de julio de 1936, los procuradores de las Cortes Españolas, presididos por Adolfo Suárez, Secretario Nacional del Movimiento, es decir, de Falange Española Tradicionalista y de las JONS, hasta poco antes, saludan, puestos en pie, con una ovación el resultado de la votación sobre la Ley de Reforma Política:

425 votos a favor
59 votos en contra
13 abstenciones

Así, los representantes de la España nacional se hacían el *harakiri*. Suárez, hábilmente, había encargado la defensa del proyecto de ley a Miguel Primo de Rivera, sobrino de José Antonio. La diplomacia de Torcuato Fernández Miranda y el febril ajetreo de Cruz Martínez Esteruelas, ex ministros ambos de los últimos gobiernos de Franco, habían logrado engañar a los representantes del pueblo español, que, sin duda, creyeron de buena fe en aquel momento que estaban cumpliendo al pie de la letra el encargo de Franco de «rodear a Don Juan Carlos de Borbón del mismo afecto y lealtad que a mí me habéis brindado...».

Para ello, Suárez había tenido que sustituir previamente al vicepresidente para Asuntos de la Defensa, Santiago y Díaz de Mendivil, que había presentado su renuncia irrevocable al considerar inaceptable el Proyecto de Reforma Sindical. Díaz de Mendivil fue rápidamente sustituido por Gutiérrez Mellado, cuyo papel iba a ser decisivo para dejar al Ejército fuera de combate, y para proceder en pocos meses, directamente, a la legalización del Partido Comunista. Con ello, el camino quedaba abierto para convertir sobre la marcha una España *ni de derechas ni de izquierdas* en una España *mitad liberal y mitad socialista*, una España con la necesaria mezcla de separatismo vasco y catalán como para hacerla inviable.

Poco después, el 15 de diciembre de 1976, tras un tremendo despliegue de publicidad oficial en el que consignas como «Habla, pueblo, habla...» y «Solo se reforma lo que se quiere conservar» marcaron la pauta, el pueblo español, inducido a pensar que se estaban cumpliendo las previsiones sucesorias del anterior Jefe del Estado, aprobó mayoritariamente en referéndum la Ley de Reforma Política.

Solo el 26% del censo se abstuvo. Pero, incluso este veintiséis por ciento no estaba formado solamente por partidarios recalcitrantes de una España nacional, sino también por socialistas y comunistas, obedientes a la consigna de abstención de sus respectivos partidos.

Lo que sí es cierto es que el Gobierno de Adolfo Suárez vendió bien la idea de que lo que estaba haciendo era solo una reforma de lo que una gran mayoría de españoles había aprobado pocos años atrás en el Referéndum de 1966.

1977, 9 DE ABRIL-15 DE JUNIO: LEGALIZACIÓN DEL PARTIDO COMUNISTA, ELECCIONES GENERALES

El 22 de diciembre de 1976 era detenido en Madrid, a bombo y platillo, el líder comunista Santiago Carrillo, poco después del Referéndum sobre la reforma política. Entre dicha fecha y la de la legalización (por sorpresa) del Partido Comunista (PCE), el Sábado Santo de 1977, transcurren apenas tres meses. Pero, precisamente en ese intervalo, ocurre un hecho importante que venía como anillo al dedo a propiciar dicha legalización: la famosa *matanza* de Atocha.

El 24 de enero de 1977, un comando terrorista de derechas mata a sangre fría a cuatro abogados y un colaborador administrativo en un despacho laboralista de Comisiones Obreras (CC.OO.), en el que tenía también su sede el todavía clandestino PCE. La policía detuvo muy pronto a los autores materiales del atentado criminal y a sus colaboradores más inmediatos, que resultaron ser todos simpatizantes de organizaciones radicales anticomunistas. Años después, se les vincularía con el neofascista italiano Carlo Cicuttini, perteneciente al grupo anticomunista italiano Gladio, involucrado en atentados criminales en Italia, que había huido a España y se había nacionalizado aquí. Declaraciones de Giulio Andreotti en 1990 parecen confirmarlo.

Al entierro de los abogados comunistas de CC. OO. se dice que asistieron cien mil personas. Se produjeron huelgas de protesta en toda España en solidaridad con los abogados laboralistas asesinados. Hoy, dichos abogados tienen un monumento en su honor en la plaza de Antón Martín, no lejos de la calle de Atocha. Todos ellos recibieron la Gran Cruz de la Orden de San Raimundo de Peñafort. La película *Siete días de enero*, dirigida por Juan Antonio Bardem, famoso director español de filiación comunista, dejaba un recuerdo para la historia de la matanza de Atocha, solo dos años después.

El tratamiento público de la matanza de Atocha, por algún motivo, tiene muy poco que ver con el dado a otro hecho terrorista de signo contrario acaecido poco antes, el 13 de septiembre de 1974, un año antes de morir Franco. En esta ocasión, un comando terrorista de ETA – V Asamblea hizo explosionar una bomba de 30 kilos de dinamita en la cafetería Rolando, sita en la calle Correo, junto a la Puerta del Sol, atestada de público. Una pareja de etarras, un hombre y una mujer jóvenes, habían colocado la potente bomba (dinamita con tuercas y tornillos) en los aseos del establecimiento, haciéndola explotar con un mando a distancia a las 14:35. La explosión fue brutal. El techo de la cafetería se derrumbó, sepultando a clientes y empleados. Doce personas murieron en el acto y otras ochenta resultaron heridas graves o de alta consideración, mutiladas muchas de ellas. Once de los heridos eran miembros de la Policía, y uno de ellos, el inspector Félix Ayuso Pinel, murió al cabo de dos años como consecuencia del atentado. Otro sufrió amputación de una pierna. Y, más adelante, fallecía Gerardo García Pérez, camarero de la cafetería, a causa de las heridas recibidas.

La cúpula de ETA estuvo dividida respecto al atentado. Unos querían reivindicarlo y otros no, tratando de atribuirlo a la extrema derecha. La brutalidad del atentado (y el hecho de que muchos de los sospechosos detenidos fueran miembros o simpatizantes del PC) desató en la opinión pública una fuerte

1977, 9 DE ABRIL-15 DE JUNIO: LEGALIZACIÓN DEL PC ELECCIONES GENERALES

reacción y Santiago Carrillo dio orden de que se borrara del mapa cualquier indicio de que el PC hubiera tenido algo que ver. Muchos de los treinta detenidos eran o habían sido miembros del PC, sin vinculación consciente directa o indirecta con ETA. A pesar de que el cerebro de la operación, Genoveva Forest, militante del PC desde 1962, fue interrogada repetidas veces por la policía, su acción quedó totalmente impune. Hubo algunos detenidos que pasaron bastantes meses en prisión, pero la generosa amnistía de 1977 les llegó a todos antes de ser juzgados.

Para las víctimas de la masacre de la calle del Correo, policías o paisanos, no hubo consideraciones ni recompensas. En cierto sentido, la matanza de la calle del Correo sirvió para amedrentar a la opinión pública, mientras que la matanza de la calle de Atocha sirvió, seguida por manifestaciones multitudinarias, para envalentonar a la extrema izquierda; en especial, al PC, que solo, o en colaboración con ETA, había sido la verdadera oposición al Régimen surgido de la Guerra Civil.

La victoria nacional fue una victoria popular, pese a quien pese. Según historiadores imparciales (Hills, Payne, Thomas), los voluntarios católicos, falangistas y tradicionalistas, fueron más y mejores combatientes que los voluntarios marxistas y anarquistas, además de estar mucho mejor dirigidos. Los primeros procedían de la España rural, Galicia, Navarra, Aragón y toda Castilla. Los últimos procedían de los proletariados industriales de las grandes ciudades, Madrid, Barcelona, Valencia.

El Sábado Santo de 1977, Suárez legaliza el PC. Entonces estaban todavía muy recientes sus palabras: «De comunismo, nada; de separatismo, nada; de terrorismo, nada».

El Tribunal Supremo se abstuvo ante la consulta formulada por Martín Villa, ministro de Gobernación (y hasta hacía poco, destacado dirigente del SEU). El Fiscal del Reino dictaminó que «no estaba probado que el Partido Comunista sea totalitario o mantenga obediencia internacional». Así se escribe la historia.

El Consejo Superior del Ejército, por su parte, reunido con carácter de urgencia, hizo una declaración de carácter oficioso en la que se hacía eco de la repulsa general en todas las unidades por la legislación del PC, y añadía que consideraba una obligación indeclinable defender la unidad de la Patria, su Bandera, la Institución Monárquica y el buen nombre de las Fuerzas Armadas (palabras, palabras, palabras...).

En la Conferencia Episcopal, presidida entonces por el Cardenal Tarancón, silencio absoluto.

Luego se vería en las urnas que el PC, a pesar de tener tanto a su favor, no era tan fiero como lo pintaban.

Años después, un amigo mío, al que no veía desde hacía tiempo, ingeniero naval, antiguo miembro de los Universitarios de Acción Católica y *convertido* luego, como otros muchos, al Partido Comunista, me invitó a comer a su casa. Acepté y me dijo que había sido miembro del PC en la clandestinidad y que se había incorporado al partido aquellos años para «luchar por la libertad». No pude evitar decirle: «¡Qué tendrá que ver el Comunismo con la libertad!». Inmediatamente se levantó indignado de la silla, y empezó a proferir improperios contra el presidente Reagan y contra los americanos en general...

Por alguna razón, he podido comprobar que bastantes españoles de mi generación (no digamos de otras generaciones posteriores) ven con toda naturalidad al PC como una formación democrática cualquiera.

Al parecer, Stalin no tiene nada que ver. Mao, tampoco. Fidel Castro nunca dejó de ser un émulo de Robin Hood, habiendo bajado con el rosario al cuello de Sierra Maestra, para defender la libertad de su pueblo...

Y los más de cien millones de víctimas del Comunismo Internacional nunca existieron. O no cuentan.

El 15 de junio de 1977, finalmente, se celebraron las Elecciones Generales: UCD (Suárez) obtuvo 165 escaños; AP (Fraga), 16 escaños. La suma de escaños de ambos partidos daba 181, algo más de la mitad del total de escaños de las Cortes Españolas. Por su parte, los partidos de izquierda y separatistas habían obtenido los siguientes: PSOE (Felipe González), 118 escaños; PC + PSUC (comunistas catalanes), 20 escaños, CDC (Pujol), 11 escaños; PNV (Arzallus), 8 escaños, y EE (separatistas vascos) y LCR (Liga Comunista Revolucionaria), un escaño cada una.

UCD gobernó a partir de ese momento, pero mandaba el marxismo: en eso consistía el consenso. Y, desde el primer

1977, 9 DE ABRIL-15 DE JUNIO: LEGALIZACIÓN DEL PC ELECCIONES GENERALES

momento, se concedió un protagonismo desproporcionado a los separatistas vascos y catalanes, sin cuyo concurso, el marxismo hubiera tenido poco que hacer, por el momento.

La España nacional, que no era ni de derechas ni de izquierdas, no encontró, en medio de la confusión reinante, un líder capaz de coordinar fuerzas en defensa de la herencia recibida. Ni Fraga, ni Silva, ni López-Bravo, ni Solís supieron estar a la altura de las circunstancias.

1978, 6 DE DICIEMBRE: CONSTITUCIÓN DEL ESTADO DE LAS AUTONOMÍAS

La Constitución Española de 1978 fue elaborada y aprobada por las Cortes surgidas de las Elecciones Generales del 15 de junio de 1977, que, ciertamente, no fueron convocadas como Cortes Constituyentes. El asentimiento de Don Juan Carlos de Borbón y el consenso de las fuerzas políticas en ellas representadas hicieron que se diera por buena esta irregularidad formal.

El proceso legislativo de elaboración de la Constitución de 1978, basada en el consenso entre los representantes de UCD (cuyo protagonismo en la escena política española duró muy poco) con las distintas fuerzas marxistas y separatistas, se puede resumir como sigue.

1978, 6 DE DICIEMBRE: CONSTITUCIÓN DEL ESTADO DE LAS AUTONOMÍAS

El 26 de julio de 1977 se nombra una Comisión Constitucional del *Congreso de los Diputados*, a la que se encomienda la redacción de un anteproyecto de la Constitución.

Del 5 de mayo al 20 de junio se celebra el debate de la Comisión de Asuntos Constitucionales y Libertades Públicas (24 sesiones).

El 21 de julio, el Pleno del Congreso de los Diputados aprueba por 258 votos a favor, 2 en contra y 14 abstenciones el texto del Proyecto en su conjunto.

Del 18 de agosto al 14 de septiembre, la Comisión de Constitución del *Senado* debate el proyecto remitido por el Congreso de los Diputados (17 sesiones).

Del 25 de septiembre al 12 de octubre se celebra el debate en el seno del Senado (10 sesiones).

El 28 de octubre de 1978 se publica en el *Boletín Oficial* de las Cortes el dictamen de la *Comisión Mixta* Congreso-Senado.

El 31 de octubre fue sometido al dictamen de la Comisión Mixta, a cada una de las dos cámaras por separado. El Pleno del Congreso de los Diputados lo aprobó por 316 votos a favor, 6 en contra y 3 abstenciones. El Pleno del Senado lo hizo por 226 votos a favor, 5 en contra y 8 abstenciones.

El 6 de diciembre de 1978 se somete a referéndum la Constitución con el siguiente resultado:

Censo	**26.632.180**
Votantes	17.873.301
Sí	15.706.078
No	1.400.505
Blanco	632.902
Nulo	133.786

Estos resultados pueden resumirse como sigue, agrupando el elevado número de abstenciones con el resto de los votantes que no votaron *Sí* a la nueva Constitución:

Censo	26.632.180	100%
Sí	15.706.078	58.98%
A+N+B+No	10.926.102	41.02%

Cabe decir que un número indeterminado de abstenciones pudieron ser debidas a causa mayor, pero cabe también decir, y a algunos apoderados electorales en defensa del *No* nos consta directamente, que un número indeterminado de los que votaron *Sí* lo hicieron convencidos de que lo hacían así en cumplimiento de la última voluntad de Franco.

Excepto en los dos breves intervalos de la Primera y la Segunda República, las sucesivas Constituciones del Estado Español, con gobiernos liberales o conservadores, habían asumido la confesionalidad católica, como lo había hecho la mayoría de las Repúblicas Hispanoamericanas, durante más de siglo y medio. La Constitución de 1978, por primera vez bajo un Régimen monárquico, se configuraba como una Constitución laica, renunciando así a la confesionalidad católica, base de la unidad nacional. No está claro, ni mucho menos, que el Concilio Vaticano Segundo lo reclamara.

Los grandes tratadistas españoles clásicos, Vitoria, Mariana, Suárez, habían defendido (frente al derecho divino de los reyes de anglicanos y protestantes) que la autoridad viene de Dios, que se deposita en el pueblo y que de éste pasa a la autoridad civil. Pero, en última instancia, viene de Dios.

La Constitución de 1978 supuso, pues, un triunfo para marxistas y masones, y abrió la puerta al divorcio, al aborto, a la negación del matrimonio natural y al separatismo. No es poco.

*****

ANTE EL REFERÉNDUM SOBRE LA CONSTITUCIÓN

Instrucción Pastoral del 28 de noviembre de 1978

(Publicada en el Boletín Oficial del Arzobispado de Toledo de diciembre de 1978, páginas 597-600)

1978, 6 DE DICIEMBRE: CONSTITUCIÓN DEL ESTADO DE LAS AUTONOMÍAS

Queridos diocesanos:

El momento en que los ciudadanos españoles han de dar su voto sobre la nueva Constitución está próximo. Los católicos saben que este momento compromete gravemente su responsabilidad ante Dios.

La Conferencia Episcopal ha invitado a que cada uno decida el sentido de su voto, no arbitrariamente, sino formando criterio, según la conciencia cristiana. Pero numerosos fieles de nuestra Diócesis, sacerdotes y seglares, nos piden más luz, para ayudarles a formar su juicio. La petición corresponde a un derecho de los hijos de la Iglesia. Y está ciertamente fundada: porque advierten que en un examen del proyecto de Constitución a la luz de la concepción cristiana de la sociedad aparecen elementos negativos o, como dice la nota del Episcopado, "ambigüedades, omisiones, fórmulas peligrosas" ante las cuales se suscitan reservas lógicas desde la visión cristiana de la vida.

El hecho de que haya valores políticos que se estiman positivos no dispensa de ponderar seriamente los elementos negativos. ¿Estos elementos son acaso deficiencias tolerables, bien porque no pudiendo evitarlos se compensan con los valores positivos, bien porque tolerándolos se evitan males mayores? ¿O, por el contrario, son gusanos que inficionan toda la manzana, haciéndola dañina o inaceptable?

Queremos cumplir con nuestro deber irrenunciable de responder a las consultas de los fieles y, vamos a hacerlo desde una perspectiva puramente moral y religiosa. Nos lo impone la misión que Cristo y la Iglesia nos han encomendado. Seguimos con ello el ejemplo de la Santa Sede y de otros obispos del mundo entero en situaciones parecidas.

En el examen que paso a hacer me detengo, bajo mi exclusiva responsabilidad, en algunos puntos que estimo exigen una mayor aclaración. He aquí los principales:

1. La omisión, real y no solo nominal, de toda referencia a Dios.

Estimamos muy grave proponer una Constitución agnóstica – que se sitúa en una posición de neutralidad ante los valores cristianos- a una nación de bautizados, de cuya inmensa mayoría no consta que haya renunciado a su fe. No vemos cómo se concilia esto con el "deber moral de las sociedades para con la verdadera religión", reafirmado por el Concilio Vaticano II en su declaración sobre libertad religiosa (DH, 1).

No se trata de un puro nominalismo. El nombre de Dios, es cierto, puede ser invocado en vano. Pero su exclusión puede ser también un olvido demasiado significativo.

2. Consecuencia lógica de lo anterior es algo que toca a los cimientos de la misma sociedad civil: **la falta de referencia a los principios supremos de ley natural o divina**. La orientación moral de las leyes y actos de gobierno queda a merced de los poderes públicos turnantes. Esto, combinado con las ambigüedades introducidas en el texto constitucional, puede convertirlo fácilmente, en manos de los sucesivos poderes públicos, en **salvoconducto para agresiones legalizadas contra derechos inalienables del hombre**, como lo demuestran los propósitos de algunas fuerzas parlamentarias en relación con la vida de las personas en edad prenatal y en relación con la enseñanza.

Por falta de principios superiores la Constitución ampara una **sociedad permisiva**, que –según advirtió oportunamente el Episcopado Español- no es conciliable con una sociedad de fundamento ético; y por lo mismo es **contraria** al ejercicio valioso de la **libertad**. La libertad no se sirve con la sola neutralidad o permisividad o no coacción. Se sirve positivamente en condiciones propicias que faciliten el esfuerzo de los que quieren elevarse hacia el bien. Al equiparar la libertad de difundir aire puro y la libertad de difundir aire contaminado, la libertad resultante no es igual para todos, pues en realidad se impide la libertad de respirar aire puro y se hace forzoso respirar aire contaminado.

3. En el campo de la Educación, la Constitución no garantiza suficientemente la libertad de enseñanza y la igualdad de oportunidades. Somete la gestión de los centros a trabas que, según dice una experiencia mundial, puede favorecer a las tácticas marxistas. La orientación educativa de la juventud española caerá indebidamente en manos de las oligarquías de los partidos políticos.

Sobre todo, no se garantiza de verdad a los padres la formación religiosa y moral de sus hijos. Porque no basta consignar el derecho de los padres o los educadores a recibir la formación que elijan. Es también derecho sagrado de niños y jóvenes, reafirmado por el Concilio Vaticano II, que todo el ámbito educativo sea estímulo, y no obstáculo, para "apreciar con recta conciencia los valores morales" y para "conocer y amar más a Dios" (Grav. Ed., 1). Pues bien, la Constitución no da garantías contra la pretensión de aquellos docentes que quieran proyectar sobre los alumnos su personal visión o falta de visión moral y religiosa, violando con una mal entendida libertad de cátedra el derecho inviolable de los padres y los educandos.

El mal que esto puede hacer a las familias cristianas es incalculable.

4. La Constitución **no tutela los valores morales de la familia**, que por otra parte están siendo ya agredidos con la propaganda del divorcio, de los anticonceptivos y de la arbitrariedad sexual. Los medios de difusión que invaden los hogares podrán seguir socavando los criterios cristianos, en contra de solemnes advertencias de los Sumos Pontífices dirigidas a los gobernantes de todo el mundo, y no solamente a los católicos.

Se abre la puerta para que el **matrimonio**, indisoluble por derecho divino y natural, se vea atacado por la "peste" (Conc. Vat.) de una **ley del divorcio**, fábrica ingente de matrimonios rotos y de huérfanos con padre y madre. Como han señalado oportunamente los Obispos de la Provincia Eclesiástica de Valladolid y otros, la introducción del divorcio en España "no sería un mal menor", sino ocasión de daños irreparables para la sociedad española.

5. En relación con el **aborto**, no se ha conseguido la claridad y la seguridad necesarias. No se vota explícitamente este "crimen abominable" (Conc. Vat. II). La fórmula del artículo 15: "Todos tienen derecho a la vida", supone, para su recta intelección, una concepción del hombre que diversos sectores parlamentarios no comparten. ¿Va a evitar esa fórmula que una mayoría parlamentaria quiera legalizar en su día el aborto? Aquellos de quienes dependerá en gran parte el uso de la Constitución han declarado que no.

Estos son, a nuestro parecer, los riesgos más notables a los que la Constitución puede abrir paso. Su gravedad es manifiesta, los que por razones de orden político se inclinen a un voto positivo consideren ante Dios si realmente hay mayores males que justifiquen la tolerancia de un supuesto mal menor, sin olvidar que no es lo mismo tolerar un mal, cuando no se ha podido impedir, que cooperar a implantarlo positivamente dándole vigor de ley.

Recuerden los ciudadanos creyentes que, como dice el Concilio Vaticano II, "en cualquier asunto de orden temporal deben guiarse por la conciencia cristiana, dado que ninguna actividad humana, ni siquiera en el dominio temporal, puede sustraerse al imperio de Dios"(LG 36). Por tanto su voto ha de favorecer aquellas estructuras sociales que no estén en pugna con la ley de Dios y que resulten estimulantes para la moral pública y la vida cristiana.

Lamentamos que muchos católicos se vean coaccionados a votar globalmente un texto, algunos de cuyos artículos debieran haber sido considerados aparte. Hay muchos creyentes que, con toda honradez y con la misma elevación de miras que invocan los demás, sienten repugnancia en el interior de su espíritu a votar a favor de un texto que muy fundamentalmente se teme que abra las puertas a legislaciones en pugna con su concepto cristiano de la vida. Su repugnancia nace de motivos religiosos, no políticos. Decirles simplemente que es después de la Constitución cuando tiene que luchar democráticamente para impedir el mal que puede producirse, y negarles que también ahora democráticamente tengan derecho a intentar evitarlo, es una contradicción y un abuso.

Cuando por todas partes se perciben las funestas consecuencias a que está llevando a los hombres y a los pueblos el olvido de Dios y el desprecio de la ley natural, es triste que nuestros ciudadanos católicos se vean obligados a tener una opción que, en cualquier hipótesis, puede dejar intranquila su conciencia hasta el punto de que si votan en un sentido, otros católicos los tachen de intolerantes, y si votan en sentido diferente hayan de hacerlo con disgusto de sí mismos. A aquellos precisamente me dirijo para decirles que hagan su opción con toda libertad según se la dicta su conciencia cristiana, y sepan contestar a los que les atacan por su actitud negativa, si es que piensan adoptarla, que la división no la introducen ellos, sino el texto presentado a referéndum. Es solo su conciencia, rectamente formada con suficientes elementos de juicio, la que debe decidir, sin aceptar coacciones ni de unos ni de otros.

Deseamos de todo corazón que la intervención de los católicos en la próxima votación sea tan consciente y elevada que atraiga sobre España las bendiciones de Dios y que nuestra Patria "disfrute de los bienes que dimanan de la fidelidad de los hombres a Dios y su santa voluntad" (DH 6).

Fdo.†MARCELO GONZÁLEZ MARTÍN

Cardenal Arzobispo de Toledo

IV

DEL ESTADO DE LAS AUTONOMÍAS HASTA HOY

1979, 1 de marzo: Victoria sin alas de UCD

1981, 23 de febrero: Conato de Golpe de Estado

1982, 28 de octubre: Victoria cantada del PSOE

1985, 11 de abril: *Despenalización* del aborto provocado

1991, 22 de agosto: Caída del Comunismo Soviético

1996, 3 de marzo: Victoria sin alas del PP

2004, 11-15 de marzo: Atentado en Atocha Victoria inesperada del PSOE

2011, 20 de noviembre: Nueva victoria sin alas del PP. Lo que España pudo ser...

2014, 23 de marzo: Fallece Adolfo Suárez

2014, 2 de junio: Abdicación de don Juan Carlos I de Borbón. Designación de Felipe VI como sucesor

1979, 1 DE MARZO: VICTORIA SIN ALAS DE UCD

El 1 de marzo de 1979, las Elecciones Generales dan a UCD una mayoría relativa, pero el PSOE gana, respecto a 1977, las provincias de Madrid, Murcia, Tarragona y Gerona, y pierde Lérida.

Unión Nacional, con 378.964 votos obtiene un diputado (Blas Piñar), mientras que Convergència i Unió, con 484.409 votos (Jordi Pujol), obtiene nueve diputados; y PNV-EAJ, con 296.597 votos (Xabier Arzallus), obtiene siete diputados.

Por otra parte, el Partido Comunista obtiene tres escaños más que dos años antes, no se sabe bien por qué.

Con una abstención del 31.96%, los resultados obtenidos por los principales partidos son:

Partido	%	Diputados
UCD	34.8	168
PSOE	30.4	121

Partido	%	Diputados
PCE	10.7	23
CD	5.9	9
CiU	2.69	9
PNV-EAJ	1.65	7

Aunque UCD no había hecho campaña a favor de la legalización del divorcio y no existía clamor popular alguno por legalizarlo, las Cortes salidas de las elecciones del 1 de marzo de 1979 se ponen manos a la obra y elaboran una ley que concede amplias facilidades.

El deterioro moral, familiar, social y político (entendiendo la política en su acepción más noble) que ya venía produciéndose desde antes de la transición, se intensifica notablemente a partir de la entrada en vigor de la Constitución de 1978.

La Conferencia Episcopal se abstiene de pronunciarse ante la legalización del divorcio, y solo don Marcelo González, cardenal primado de Toledo, y don José Guerra Campos, obispo de Cuenca, advierten de las graves consecuencias que la legislación divorcista tendrá de cara al futuro.

De hecho, antes de la legalización, un hombre y una mujer podían unirse en matrimonio, con intención de formar una familia, o podían unirse, por común acuerdo, con intención de hacerlo con una duración más o menos indefinida (lo que dure, un año, un mes, o solo unos días). Dos cosas bien distintas. Pero a partir de la nueva ley del divorcio, ambas cosas pasaban a ser una y la misma. En otras palabras, el matrimonio natural monógamo dejaba de estar protegido social y legalmente.

(Estaba lejos todavía el momento en que la unión entre dos hombres o entre dos mujeres, es decir, la unión de dos personas del mismo sexo fuera homologado a efectos legales con el matrimonio natural entre hombre y mujer).

El Partido Socialista anuncia su intención de legalizar el aborto si gana las próximas elecciones.

1981, 23 DE FEBRERO: CONATO DE GOLPE DE ESTADO

En 1980, en el mundo empezaban a producirse cambios importantes que iban a tener consecuencias notables. Ya a fines de 1978 había tenido lugar la elección por sorpresa de Karol Wojtyla, como sucesor de Pedro al frente de la Iglesia Católica. El largo pontificado de Juan Pablo II iba a ser clave para muchas cosas en la Iglesia y fuera de la Iglesia. La década de los 80 empieza con la victoria electoral de Ronald Reagan en EE.UU. y termina con la caída del muro de Berlín y el derrumbamiento del Sistema Socialista.

Es muy posible que, si la muerte de Franco ocurre cinco años después y la victoria electoral de Reagan cinco años antes, España habría tenido una transición normal, en lugar de una transición teledirigida por el consenso centrista-socialista-separatista.

Federico Silva Muñoz, al regresar a España de Washington a finales de 1980, le dice a Antonio Izquierdo, entonces director de *El Alcázar*, que algo extraordinario está ocurriendo en

Norteamérica: el renacimiento del orgullo nacional y de la confianza en el futuro. Hacía pocos años que el orgullo nacional americano había sufrido un serio revés con el amargo desenlace de la guerra de Vietnam.

En este contexto se produce el conato de golpe de Estado en España.

El golpe estaba dirigido por dos de los generales más prestigiosos y más monárquicos de España, y fue realizado con el concurso decisivo del teniente coronel Tejero, al mando de fuerzas de *élite* de la Guardia Civil. Tejero había tenido que sufrir que la ETA matara impunemente a muchos de sus hombres en el País Vasco, y como me reconoció Santiago Carrillo hijo, compañero mío en la UAM, estaba harto de sufrir atentados criminales contra sus hombres.

Si el golpe de Estado hubiera tenido éxito, se habría formado un *Gobierno de Concentración* y el PSOE hubiera alcanzado el poder año y medio antes de ganar las elecciones en octubre de 1982. Si no fue así, es decir, si no llegó a materializarse el Gobierno de Concentración propuesto por el general Armada, con participación del Partido Comunista y de Alianza Popular, ello fue debido solo a que el teniente coronel Tejero, bien asesorado por el comandante Pardo Zancada, de la División Acorazada de Brunete, se negó a aceptarlo.

Después de una tensa y laboriosa negociación con el Teniente General Aramburu Topete, en contacto con la Zarzuela, donde se estaba a la espera de la evolución de los acontecimientos en las distintas Capitanías Generales, la fuerza de la Guardia Civil que había ocupado el Congreso, recibió órdenes de Tejero de deponer las armas, consciente de que su intento había fracasado. No recibió mucha publicidad, ni entonces ni después, el ofrecimiento que se le hizo a Tejero de un billete de avión y dinero para marchar al extranjero, que éste rechazó. Finalmente, aceptó entregarse en la Dirección General de la Guardia Civil a la que se trasladó solo en coche. Luego sería juzgado y condenado a treinta años de prisión.

La muerte de Franco había hecho inevitable un cambio político. Éste pudo haberse realizado respetando el espíritu de las Leyes Fundamentales o no. Pero, lamentablemente, terminó haciéndose como si su objetivo último fuera enaltecer el *glorioso*

1981, 23 DE FEBRERO: CONATO DE GOLPE DE ESTADO

legado de la República (un legado, no nos engañemos, sectario, laico, furibundamente anticatólico y antiespañol) y denigrar injustamente el Régimen surgido de la victoria de 1939.

España había salido de la Primera República por el golpe del general Pavía. Había salido de la Segunda por el Alzamiento Nacional y la Guerra Civil. Y después de casi cuarenta años de paz (los años más constructivos de su historia reciente) merecía haber tenido una transición responsable y sin sobresaltos.

Pero no fue así.

1982, 28 DE OCTUBRE: VICTORIA CANTADA DEL PSOE

Después de la dimisión obligada de Suárez y del conato de golpe de Estado del 23-F de 1981, se había producido el 13 de mayo siguiente en la Plaza de San Pedro en Roma, el intento de asesinato del Papa Juan Pablo II. Afortunadamente, el Papa se recuperó. La bala asesina había seguido una trayectoria inverosímil. Estaba claro que detrás de Ali Agca, el pistolero turco que le disparó, estaba la KGB soviética, como más adelante se confirmaría. Pero el intento de asesinato del Papa no tuvo impacto alguno sobre la situación política española, aunque debió haberlo tenido.

El 28 de octubre el PSOE obtiene una resonante victoria por mayoría absoluta; UCD se hunde y AP-PDP sube notablemente.

El Partido Comunista, con cuatro diputados, desciende a casi la sexta parte de los conseguidos en 1979, que fueron veintitrés.

La abstención descendió al 20.03% y el reparto de votos y escaños de los partidos más votados fue el siguiente:

Partido	**%**	**Diputados**
PSOE	48.11	202
AP-PDP	23.36	107
UCD	6.77	11
PCE	4.02	4
CiU	2.87	12
EAJ-PNV	1.88	8

Muy pocos días después de la resonante victoria del PSOE, su Santidad Juan Pablo II viene a España con motivo del cuarto centenario de la muerte de Santa Teresa de Jesús. Del 31 de octubre al 9 de noviembre. España entera se vuelca con el Papa como dando a entender que la masiva victoria socialista del 28 de octubre no significaba en absoluto que España hubiera dejado de ser católica.

Al llegar el día de la Santa de Ávila de 1982, el Papa se dirige a los españoles haciendo una llamada a la fidelidad y a la esperanza:

Sabéis que teníamos programada mi visita para el 15 de octubre del año pasado. Los conocidos acontecimientos [el atentado contra su vida en la Plaza de San Pedro en Roma] me obligaron a retrasar el viaje, que, con el favor de Dios, tendrá lugar muy pronto...

El 31 de octubre, desde Madrid, se dirige a los españoles en cuatro ocasiones: «Gracias, España. Gracias, Iglesia de España» (Barajas); «Servir a la verdad sin ambigüedades» (a la Conferencia Episcopal); «Testimonio de entrega y de fidelidad a la Iglesia» (a los colaboradores de la Conferencia Episcopal), «La Eucaristía, raíz y costumbre de la vida cristiana» (a la Adoración Nocturna).

El 1 de noviembre, desde Ávila, en dos: «Las almas contemplativas, avanzadilla de la Iglesia hacia el Reino» (Monasterio de la Encarnación), «Teresa de Jesús, gloria de España y luz de la Iglesia» (Puerta del Carmen). Desde Alba de Tormes: «Ser fieles al mensaje de Santa Teresa» (al pueblo de Alba de Tormes), «Plegaria a Teresa de Jesús» (ante el sepulcro de la santa). Desde Salamanca: «La Fe, raíz vital y permanente de la teología» (Universidad Pontificia de Salamanca).

El 2 de noviembre, de nuevo en Madrid: «Nuestros difuntos viven con Cristo» (Cementerio de la Almudena); «Valores de la concordia y de la convivencia» (a los reyes y a las autoridades presentes en el Palacio Real); «El turismo y la dignidad de la persona humana» (en la Organización Mundial del Turismo); «La diplomacia, arte de la paz y de la justicia» (Nunciatura Apostólica); «Ser incorruptibles ante la verdad» (Nunciatura Apostólica); «El proyecto cristiano de la vida familiar» (Plaza de Lima, ante millón y medio de fieles), «Grandeza de la vocación religiosa» (Parroquia de Nuestra Señora de Guadalupe).

El 3 de noviembre, en Madrid: «Diálogo fraterno entre judíos y católicos" (Nunciatura); «Hacia la restauración de la unidad de todos los cristianos» (Nunciatura); «Responsabilidad y respeto a la verdad» (Nunciatura); «Síntesis entre cultura y fe» (Universidad Complutense de Madrid, al Claustro de Profesores); «Acoger a Cristo con el ánimo abierto» (Universidad Complutense de Madrid, a los estudiantes); «La Parroquia, ámbito de unión con Dios y de unidad entre los hombres» (barrio obrero de Orcasitas); «Un programa de lucha para vencer el mal con el bien» (Estadio Santiago Bernabéu y alrededores, ante más de cien mil jóvenes), «El drama de la emigración» (Parroquia de Nuestra Señora de Guadalupe).

El 4 de noviembre en Toledo: «Los caminos del Apostolado Seglar» (Polígono Industrial). En Segovia: «San Juan de la Cruz, maestro de la Fe» (Plaza de la Artillería). «Sor Ángela de la Cruz, fiel ejemplo de la pobreza de Cristo» (Campo de la Feria).

El 5 de noviembre en Granada: «la educación en la fe» (Polígono Almanjayar). En Loyola: «Loyola, una llamada a la fidelidad» (ante los religiosos y las religiosas).

El 6 de noviembre, en Javier (Navarra): «Tras las huellas de San Francisco Javier». En Zaragoza: «En vosotros me encuentro con Cristo que sufre» (Plaza Eduardo Ibarra), «El Amor Mariano, fermento de la Catolicidad en la Historia de España» (Plaza Eduardo Ibarra).

El 7 de noviembre, en Montserrat: «Imitar el estilo de la Madre en nuestro caminar de peregrinos» (Santuario de Nuestra Señora de Montserrat).

El 7 de noviembre, en Barcelona: «Rasgos de la familia cristiana» (Templo de la Sagrada Familia); «Concepto cristiano del trabajo» (Montjuich), «Adoptar actitudes verdaderamente cristianas» (Estadio del Camp Nou).

El 8 de noviembre, en Valencia: «Misión de los ancianos en la vida familiar y social» (Santuario de la Virgen de los Desamparados); «Instrumentos vivos de la acción de Cristo en el mundo» (Paseo de la Alameda); «Fidelidad a Cristo, a la Iglesia y a la propia vocación» (Mensaje a los seminaristas en Valencia); «Solidaridad con el hombre que sufre» (Alcira, Valencia). De nuevo, en Madrid: «Testimonios vivos del Evangelio» (Palacio de los Deportes, a religiosas y miembros de institutos seculares femeninos).

El 9 de noviembre, en Santiago de Compostela: «La fe católica constituye la identidad del pueblo español» (Aeropuerto de Lavacolla); «La dignidad del trabajo» (Plaza del Obradoiro); «La renovación espiritual y humana de Europa» (Catedral de Santiago de Compostela), «¡Hasta siempre, España! ¡Hasta siempre, tierra de María!» (Aeropuerto de Lavacolla).

¡Qué gran servicio prestó a España este gran Papa! Pero, ¿le hemos hecho honor nosotros, los españoles?

1985, 11 DE ABRIL: *DESPENALIZACIÓN* DEL ABORTO PROVOCADO

Hoy, especialmente para las generaciones más jóvenes, es difícil hacerse una idea de cómo era la vida cotidiana y la opinión pública española con respecto a temas fundamentales como son la sexualidad, la familia, el divorcio, el aborto... Y algo parecido se podría decir, con diferentes matices, de la vida cotidiana y la opinión pública acerca de estos temas en Italia, Francia o Inglaterra. Y En Estados Unidos, México o Argentina, donde el proceso de *descristianización* no estaba tan avanzado, quizá también en parte. Este cambio, por tanto, no es debido a que en España hayamos tenido una Guerra Civil y un gobierno autoritario durante años; también la Segunda Guerra Mundial empezó siendo una guerra civil europea.

Las diferencias, en este sentido, entre la vida cotidiana hoy y hace cincuenta años es fácilmente comprobable comparando una película de Hollywood de hoy con una película de Hollywood de

1985, 11 DE ABRIL: *DESPENALIZACIÓN* DEL ABORTO PROVOCADO

hace cincuenta años. En concreto, hay una escena de una película de los años cincuenta, protagonizada por Kirk Douglas en el papel de inspector de policía, y su bella esposa, interpretada por Eleanor Parker, que tiene lugar en la comisaría de barrio de una gran ciudad. El inspector se había visto obligado a intervenir en el caso de un médico involucrado en la realización de abortos clandestinos. Y el dramatismo de la película alcanza su punto culminante cuando el personaje protagonizado por Kirk Douglas se percata de que el médico en cuestión, hacía unos años, había provocado un aborto a la que más adelante iba a ser su esposa, mucho antes de que él la conociera. La escena refleja la profunda repugnancia de todos los presentes ante este hecho, especialmente el protagonista. Y por supuesto, un rechazo total que se da por supuesto en los espectadores, al hecho criminal del aborto provocado, especialmente en el médico abortista, que va a ser expulsado sin contemplaciones del Colegio de Médicos por el hecho delictivo de dedicarse a eliminar pequeñas vidas en lugar de salvarlas o curarlas.

Hace cincuenta o sesenta años las cosas eran así: la actitud normal generalizada ante el aborto provocado era de rechazo sin paliativos. Encuestas oficiales y poco sospechosas del centro de Investigaciones Sociológicas en España daban un rechazo al aborto de más del 90% de los encuestados. ¿Eran falsos aquellos datos? No. Simplemente que poderosos grupos de presión, primero en Europa y en América, luego en España, utilizando masivamente las grandes cadenas de televisión y los periódicos de más tirada, han producido gradualmente un cambio masivo de opinión, haciendo aceptable hoy lo que ayer era inaceptable.

Durante el largo período de la *Guerra Fría*, el nivel de vida y la esperanza de vida han crecido en todo el mundo extraordinariamente. La producción de alimentos ha aumentado a un ritmo notablemente mayor que el crecimiento de la población. La atención médica se ha hecho más asequible a todos. La seguridad social se ha generalizado. Se han producido mejoras espectaculares en los medios de transporte y los medios de comunicación. Estos avances tecnológicos habían sido precedidos por avances científicos decisivos, que habían tenido lugar precisamente en nuestra civilización occidental, heredera de la cristiandad europea medieval. Pero, al mismo tiempo que estos avances, se iba produciendo un cambio paralelo de los principios inspiradores del orden social en casi todas las sociedades occidentales. En relativamente poco tiempo se ha ido pasando de un reconocimiento implícito del *carácter sagrado* de la vida humana, desde la concepción a la muerte natural, y de unas leyes que favorecían la familia y la moral tradicional, fundada en principios cristianos, a unas leyes que apoyan el divorcio y financian el aborto provocado. No es extraño que España se esté empezando a quedar sin niños.

A la vista de la naturalidad con que en ambientes universitarios se aceptan hoy la infidelidad matrimonial, las relaciones sexuales prematrimoniales y las uniones homosexuales, no es extraño que los matrimonios duren poco. Con esto no ha salido ganando, ciertamente, ni la dignidad de la mujer, ni la educación de los hijos, ni la salud familiar y social.

En 1968, el papa Pablo VI advirtió, proféticamente, de las consecuencias inevitables de esa nueva mentalidad anticonceptiva, según la cual se podía desvincular alegremente el acto conyugal de sus consecuencias naturales. Nuestra sociedad está en crisis (una crisis mucho más grave de lo que parece) porque la familia cristiana hace tiempo que entró en crisis.

Retrospectivamente, podemos resumir los hechos que precedieron a la *despenalización* (pronto se vería que esta denominación iba a quedar en puro eufemismo) del aborto en España en tres supuestos –violación, peligro para la madre y probables malformaciones del *nasciturus*–, por decisión del Tribunal Constitucional, deshaciendo el previo empate el voto (de *calidad*) de su presidente.

- 1982 (Marzo): Manifiesto de más de mil trescientos académicos y profesores en defensa de la vida, de la concepción a la muerte natural, recogida en la prensa diaria y con eco fuera de España.
- 1982 (Octubre): El papa Juan Pablo II denuncia la legalización del aborto ante millón y medio de españoles en la Plaza de Lima de Madrid.
- 1982 (Diciembre): El Gobierno socialista de Felipe González introduce en las Cortes el proyecto de ley liberalizador del aborto.

1985, 11 DE ABRIL: *DESPENALIZACIÓN* DEL ABORTO PROVOCADO

- 1982-1983: Se interpone ante las Cortes un Recurso Previo de Inconstitucionalidad (promovido por ADEVIDA, Madrid, y por la Federación Española de Asociaciones Provida). Este recurso iba a retrasar por tres años la nefasta ley de despenalización del aborto. Como era previsible, poco después se suprimió *democráticamente* la posibilidad de interposición de este tipo de recursos en el futuro.
- 1983-1984: Tienen lugar masivas manifestaciones en defensa de la vida en las principales capitales españolas, que culminan en una gran concentración en la Plaza de Lima de Madrid (donde el Papa había hecho una elocuentísima condena del aborto en noviembre de 1982).
- 1985 (Abril): El Tribunal Constitucional da luz verde a la despenalización del aborto provocado en los tres supuestos de: peligro para la salud de la madre, malformaciones congénitas y embarazo resultante de violación. En los años siguientes, haciendo una interpretación extremadamente laxa de la decisión del Tribunal Constitucional, el 95% de los abortos realizados lo serían acogiéndose al supuesto de peligro para la salud de la madre.

Unos años después, Linda Chaves, reportera de una cadena de televisión americana en gira por Europa, me visitó en mi despacho de la Universidad Autónoma para hacerme una entrevista sobre el estado de la cuestión del aborto en España. Me preguntó: «¿Cuáles son sus razones para estar en contra del aborto provocado?». Mi respuesta fue la siguiente: «Creo que una mujer puede tener motivos muy serios para no hacerse cargo del niño que lleva dentro... pero ello no le da derecho a matarlo. Puede darlo en adopción, evidentemente».

1991, 22 DE AGOSTO: CAÍDA DEL COMUNISTMO SOVIÉTICO

En 1989 cayó el muro de Berlín y, con él, el dominio del Ejército Soviético sobre media Europa, incluyendo el tercio oriental de Alemania. En 1991 colapsaba la propia Unión Soviética, terminando así un experimento que había durado setenta y cuatro años. De la noche a la mañana, los gobiernos de muchos países habían perdido un patrón, un aliado, un poderoso amigo o un poderoso rival.

El Comunismo Soviético había producido en el mundo nada menos que cien millones de víctimas a lo largo de su historia.

1991, 22 DE AGOSTO: CAÍDA DEL COMUNISTMO SOVIÉTICO

La euforia por la caída del Imperio soviético, después de una prolongada *Guerra Fría*, significó un inesperado respiro para millones de personas. Los partidos comunistas de Europa Occidental acababan de perder a su principal valedor. Muchos de ellos se habían ido transformando previamente al *Eurocomunismo* por razones estratégicas. En España fue quizá donde menos se notó el colapso del Régimen Soviético porque, desde 1975 a 1991, gracias a la perspicacia de su líder Santiago Carrillo, los comunistas se habían logrado enquistar, cada vez más profundamente, en sindicatos, ayuntamientos, autonomías, el parlamento e, indirectamente, en todos los órganos del gobierno de la nación, en una medida desproporcionada al número de sus votantes: en 1977 este número era de 9.93%; en 1979, de 10.77%; y en 1982 había descendido al 4.02%. Luego, metamorfoseado en IU (Izquierda Unida), volvería a alcanzar un 10.59% en 1996, para descender de nuevo a partir de esa fecha.

Después de la caída del Comunismo, la guerra en el Golfo Pérsico había demostrado inequívocamente la capacidad resolutiva de los EE.UU. y sus aliados de la NATO. España se había incorporado finalmente a la NATO tras un referéndum (un tanto confuso) convocado por el gobierno socialista de Felipe González. Era bien sabido que a partir de 1953 y durante toda la *Guerra Fría*, las bases americanas en Rota, Torrejón y Zaragoza habían jugado un papel decisivo. Durante la Guerra del Golfo, volvieron a jugar un papel importante.

Ya en 1948, George Orwell, en *Nineteen Eighty-Four*, había previsto el protagonismo político decisivo que las nuevas tecnologías de la comunicación iban a tener cara al futuro. La TV, la radio, las máquinas de fax y las redes de computadora, necesarias para el desarrollo económico, tendrían un peso inesperado y no previsto por Orwell, para romper el control férreo de la información en un estado totalitario como la Unión Soviética. Gracias a estas nuevas tecnologías, las noticias se podían difundir muy rápidamente. Éste fue el caso de la reacción inmediata contra el golpe de Estado que se puso en marcha después de la caída de Gorbachov, contra el recién elegido presidente Yeltsin. Las nuevas tecnologías fueron claves para hacerlo fracasar.

* * *

Pero para vencer al Comunismo instalado en el poder era necesario algo más que nuevas tecnologías: era necesaria la voluntad de vencer. Y Ronald Reagan, presidente de los EE.UU. desde 1980 a 1988, tenía esa voluntad de vencer (sin aspavientos cara a la galería) y contó entonces con la inestimable ayuda de los luchadores por la libertad en Afganistán, los sindicalistas polacos de Lech Walesa, y, sobre todo, con la decidida colaboración, respaldada por una indiscutible autoridad moral, del papa Juan Pablo II.

En febrero de 1989 los últimos soldados soviéticos abandonaron Afganistán. En mayo de 1989, Gorbachov hizo saber al Gobierno Sandinista en Nicaragua que no podía seguir prestándole su ayuda, y al año siguiente los sandinistas fueron echados del gobierno en elecciones libres. En junio, doscientos mil húngaros se reunieron en la Plaza de los Héroes de Budapest para honrar la memoria de sus compatriotas condenados a muerte después de la revolución de 1956. En Praga, manifestaciones estudiantiles desembocaron en el colapso del gobierno. A mediados de octubre de 1989, Leipzig, en Alemania Oriental, se vio iluminada de noche por miles de velas encendidas de manifestantes cantando *Dona Nobis Pacem*. Dos semanas después, Erich Honecker, presidente, y el Politburó entero renunciaron. El 19 de noviembre caía el muro de Berlín y miles de alemanes del Este pasaban al otro lado. Reagan había dicho siempre que el miedo era el arma más importante en manos de los dirigentes comunistas.

En 1990 el presidente norteamericano viajó a Gdansk, Polonia, el lugar de nacimiento del movimiento de *Solidarnosc*. Miles de polacos, bajo una lluvia torrencial, estaban allí para decirle «¡Gracias! ¡Gracias!» y cantarle *Sto Lat*, la canción que se les canta a los héroes polacos.

1996, 3 DE MARZO: VICTORIA SIN ALAS DEL PP

Catorce años en el poder, un paro creciente, una corrupción generalizada y una crisis económica importante hacían previsible una derrota electoral del PSOE en 1996.

Poco antes de las elecciones, en un acto académico, en la Universidad Autónoma de Madrid, grupos de estudiantes habían recibido al presidente Felipe González al grito de «¡Chorizo! ¡Chorizo!». Al día siguiente, la prensa madrileña lo recogía en grandes caracteres.

El 3 de marzo el PP obtiene la victoria electoral con una mayoría relativa de 156 diputados, bastante por debajo de los 176 necesarios para la mayoría absoluta. El PSOE obtuvo 141 escaños, e IU, 21.

La abstención fue del 22.62% y el reparto de escaños quedó de la siguiente manera:

Partido	%	Diputados
PP	38.79	156
PSOE	37.63	141
IU	10.59	21
CiU	4.60	16
EAJ-PNV	1.27	5
CC	0.88	4

En el período legislativo 1996-2000, con mayoría relativa del PP, y en el 200-2004, con mayoría absoluta del PP, la situación económica mejoró bastante, pero no así la situación cultural y moral. El desbarajuste autonómico continuó como si no hubiera habido cambio de gobierno. La situación en el País Vasco y en Cataluña siguió empeorando, mientras que en otras comunidades autónomas como Galicia y Canarias empezaban a consolidarse partidos de tendencias separatistas y antiespañolas como el BNG (Bloque Nacionalista Galego) y CC (Coalición Canaria). Por otra parte, las nuevas políticas educativas introducidas en los años de gobierno del PSOE, en detrimento de la lengua y la cultura común, continuaron igual, como si tal cosa. Los intereses de España, y la enseñanza de la lengua común y de la historia común, siguieron postergados progresivamente, sobre todo en las Provincias Vascongadas y en Cataluña, haciendo caso omiso del hecho de que en ambas comunidades la población inmigrante procedente de otras regiones españolas (Andalucía, Castilla, Extremadura…) que se había hecho mayoritaria a lo largo de las últimas décadas, tenía perfecto derecho a que sus hijos fueran educados en la lengua materna, el español o castellano, como había sido siempre.

Y un hecho significativo: el número de abortos provocados, en su mayoría con dinero de los contribuyentes, siguió aumentando al mismo ritmo que con los gobiernos socialistas anteriores.

2004, 11-15 DE MARZO: ATENTADO TERRORISTA EN ATOCHA, VICTORIA DEL PSOE

El 11 de marzo de 2004 era jueves y faltaban solo tres días para las elecciones generales del domingo siguiente. La práctica totalidad de las encuestas daban como ganador al partido gobernante (PP). El PSOE había hecho una campaña muy dura en contra del Gobierno, culpándolo entre otras cosas, de mala gestión en la crisis ecológica provocada por el petrolero *Prestige* en las costas gallegas. También había descalificado el envío de efectivos del Ejército Español (unos efectivos mínimos) a Irak, algo que el propio PSOE en un principio había dado por bueno. En realidad, después de la clara derrota de Almunia ante Aznar cuatro años antes, los socialistas no tenían un buen candidato y habían elegido a José Luis Rodríguez Zapatero como muy posible perdedor.

En la mañana del jueves día 11 empezó a difundirse por la radio que se había producido un brutal atentado en la estación de Atocha y en los apeaderos de Santa Eugenia y El Pozo. El número de víctimas ascendería a noventa y dos, más cerca de un millar de víctimas de distinta consideración.

Pronto, en las distintas emisoras de radio, se empezó a plantear la pregunta: ¿Habrían sido terroristas etarras, como parecía sospechar el Gobierno, o habrían sido terroristas islámicos?

El Gobierno fue un tanto ingenuo en adelantarse a culpar a la ETA. Pero la oposición socialista no perdió tiempo en organizar manifestaciones violentas ante la sede del PP, culpando al Gobierno de manipular la información.

No nos engañemos, si fue Al Qaeda, lo hizo muy probablemente con el apoyo de ETA; y si fue ETA, lo hizo con el beneplácito de Al Qaeda. (En vísperas de la guerra de Irak, terroristas *etarras*, junto con otros terroristas de todo el mundo, habían estado presentes en una vigilia solidaria).

Días después, la policía española obtuvo pruebas de que el atentado había sido planeado y realizado por Sherhane ben Abdelmajid (*el tunecino*) y Jamal Ahmida (*Mowgli* o *el chino*), que habían alquilado una vivienda en Morata de Tajuña, cerca de la capital, donde se había hecho la distribución de los explosivos. Ambos fueron secundados por el grupo terrorista Abu Ehyas, que había proporcionado los autores materiales. Descubiertos por un comando de los Geos, los terroristas islámicos se suicidaron colectivamente causando la muerte de uno de los policías. Sus correligionarios tuvieron todavía la desfachatez de hacer volar por los aires, a la noche siguiente, en el cementerio los restos mortales del policía.

Al día siguiente del atentado, una multitudinaria manifestación precedida por una pancarta que decía *Con las víctimas. Con la Constitución. Por la derrota del terrorismo*, recorrió el centro de Madrid desde la Plaza de Colón a la Estación de Atocha bajo una lluvia persistente.

Y el domingo siguiente, día 15 de marzo, se celebraron las elecciones con los siguientes resultados, notablemente distintos a los que predecían las encuestas días antes del atentado en Atocha:

2004, 11-15 DE MARZO: ATENTADO TERRORISTA EN ATOCHA VICTORIA DEL PSOE

Partido	%	Diputados
PSOE	42.59	164
PP	37.71	148
IU	4.96	5
CiU	3.23	10
ERC	2.52	8
EAJ-PNV	1.63	7
CC	0.91	3
BNG	0.81	2

The New York Times del 31 de marzo, en su edición de la tarde, incluía un comentario de Elaine Sciolino, fechado en Madrid, titulado «Un nuevo futuro para España: Llámenlo Socialismo Social». Decía lo siguiente:

> En la resaca de los ataques terroristas, parecía aquí que el advenimiento del primer ministro, José Luis Rodríguez Zapatero, del Partido Socialista, iba a tener su mayor efecto en la política exterior –posible retirada de las tropas españolas en Irak y reparación de las relaciones dañadas con Francia y Alemania–. Pero no ha sido así; se está empezando a notar que los mayores efectos pueden llegar a sentirse en última instancia en la propia España.
> Según parece, el Sr. Zapatero piensa que su país debe pasar por el aro de una revolución sexual y social.
> El abogado de 43 años quiere, de algún modo, legalizar los matrimonios *gays*, librar las escuelas públicas y la investigación médica del dogma católico, crear una televisión estatal no partidista (?) y hacer leyes que erradiquen el sexismo de la sociedad española.
> No se trata de promesas ociosas de campaña. En un discurso a los dirigentes socialistas el viernes pasado, dijo: «Ha llegado la hora de que se respeten hasta el extremo las preferencias sexuales de cada uno, la hora de una visión secular». Su administración, añadió, marcará el comienzo de una completa igualdad de sexos, de una lucha sin cuartel contra el machismo *criminal*.

Zapatero pretende nada menos que una *brava* España nueva, una España, dijo en su intervención, culta y tolerante.

De entrada, ello suena un tanto extraño. Como la octava economía más grande del mundo, creciendo a un ritmo superior al de la mayoría de los países de la Unión Europea, España está ya entre las naciones más cultas, tolerantes y socialmente liberales. Después de todo, es el país que ha producido un director de cine como Pedro Almodóvar, para el que todo vale, al parecer.

Una de las características más destacadas de la era post-Franco ha sido la celebración y la protección de las preferencias individuales y de la libertad de expresión, incluso cuando entra en colisión la doctrina católica tradicional.

Ello podría explicar por qué la prostitución (no la incitación a la misma) sea legal hoy en España, y por qué los anuncios clasificados por palabras para este tipo de servicios son aquí tan explícitos en periódicos de izquierda y derecha.

O por qué Barcelona es una de las ciudades líder en Europa de la industria pornográfica, con *Private Media Group*, compañía dedicada al entretenimiento de adultos que cotiza en el mercado bursátil *Nasdaq* de Nueva York. Esta ciudad acoge todos los años un festival erótico...

Naturalmente, todo el mundo estaba contra el terrorismo, pero los beneficiarios de la masacre de Atocha no habían sido otros que Zapatero y el partido socialista.

Al año siguiente, 2005, la estatua de Franco a caballo que había estado medio siglo en frente de los Nuevos Ministerios, desapareció una noche de su pedestal sin previo aviso. El primer Gobierno socialista, presidido por Felipe González, había hecho erigir en las proximidades dos estatuas de parecido tamaño con Indalecio Prieto y Largo Caballero. Zapatero, de noche y probablemente con la connivencia activa o pasiva del alcalde de Madrid, del PP, había hecho sacar la estatua de Franco, manteniendo las otras dos. Eso se llama reconciliación. El Rey no dijo nada, aunque fue notorio por aquellos días que había dado un abrazo en público al veterano líder comunista Santiago Carrillo, que acababa de cumplir noventa años.

En 2006-2007, el Gobierno socialista de Zapatero promulgó la llamada *Ley de Memoria Histórica*, que ignoraba toda la legislación precedente, dando por terminadas todas las responsabilidades por los crímenes (mucho más numerosos y

2004, 11-15 DE MARZO: ATENTADO TERRORISTA EN ATOCHA VICTORIA DEL PSOE

más graves los del bando rojo) cometidos durante la Guerra Civil. Esta ley hacía caso omiso de la evidencia histórica según la cual, durante la guerra, más de 20.000 iglesias y capillas habían sido quemadas y destruidas por los rojos de un total de 42.000. Más de 1.000 en Barcelona; más de 800 en Valencia; más de 1.000 en Madrid; más de 350 en Oviedo, y la mayoría de las iglesias en Ciudad Real, Segorbe, Cartagena, Cuenca, Gerona, Santander, Toledo, etc., etc. Tampoco tenía en cuenta que el número de sacerdotes católicos y religiosos martirizados durante la guerra ascendió, según A. Montero (*Historia de la persecución religiosa en España*: BAC, Madrid, 1961), a 6.832; de ellos, 4.184 del clero diocesano y 2.365 religiosos. Esto excedía con mucho las víctimas clericales de la Revolución Francesa y de la Revolución Rusa. Suponían el 12% del total del clero en España en aquel momento, que se elevaba al 25% en el caso de clero cogido en la zona republicana. Las muertes bien documentadas de trece obispos asesinados en esta zona y la indescriptible crueldad demostrada en muchos casos por los captores y ejecutores (comunistas, anarquistas, socialistas o separatistas de izquierda) de las víctimas justificaban el castigo ejemplar impuesto a los verdugos por tribunales militares después de la guerra.

Según el escrupuloso estudio de Ramón Salas Larrazábal (*Los datos exactos de la Guerra Civil*: Drácena, Madrid, 1980), de 1936 a 1939, el número de ejecuciones y muertes en la zona republicana fue 72.334; en el mismo período, en la zona nacional fue 35.021. Después de la guerra, en los primeros años, fue de 16.763. Si hubieran ganado la guerra los rojos, a la vista de lo que sucedió en otros países donde los comunistas alcanzaron el poder, el número de víctimas de la represión pudo haber sido cien veces más.

El abrir de nuevo las heridas de una guerra ocurrida setenta atrás, como hizo Zapatero, no tenía nombre.

En 2009-2010, después de una segunda victoria electoral (bastante incomprensible) de José Luis Rodríguez Zapatero, algo que a muchos nos pareció realmente inverosímil, el Gobierno socialista, con una exigua mayoría relativa, pasó en las Cortes, por pequeño margen (con apoyo de comunistas y separatistas), la más liberal ley del aborto de la Europa Occidental. En poco tiempo se dio el caso de que mujeres danesas embarazadas se desplazaran a Madrid para hacerse un aborto con protección legal máxima.

Por entonces, *Sigma Dos* realizó una encuesta profesional que evidenciaba que alrededor del 35% de los que habían votado por el PSOE estaban en contra, como habían hecho el 85% de los que habían votado por el PP en las elecciones anteriores.

Contrariamente a la primera Ley socialista de 1985, que lo despenalizaba, la Ley del Aborto (eufemísticamente: *Salud Social, Interrupción del embarazo*) convertía al aborto en un *derecho humano* digno de la máxima consideración.

En 2011, el Gobierno de Zapatero prohíbe el acceso a la Basílica Benedictina del Valle de los Caídos, hasta hacía poco uno de los lugares más visitados del Patrimonio Artístico Nacional. El Gobierno socialista había empezado una persecución sistemática con la excusa de que podría ser peligroso para los visitantes que se desprendieran bloques de la *Piedad* que preside la entrada a la gran Basílica subterránea. En ella reposan los restos de los caídos en la guerra por Dios y por España, junto con los de otros tantos caídos en defensa de la República. Por detrás de la *Piedad* se alza la gran Cruz del Valle de los Caídos (tres veces más alta que la neoyorquina Estatua de la Libertad), bien visible desde una distancia de 50 kilómetros.

Operarios enviados por el Gobierno empezaron a picar sobre la *Piedad* de Juan de Ávalos, dañándola seriamente. Los padres benedictinos, en vista de la prohibición a los fieles de subir a la Basílica para participar en la Misa, decidieron bajar a decirla los domingos al lado de la carretera que une El Escorial con la de La Coruña. Durante varios domingos, la asistencia a estas Misas, celebradas en ocasiones bajo la nieve y el viento, se fue haciendo cada vez más numerosa. Llegó a alcanzar más de tres mil personas. Hasta que el Gobierno de Zapatero decidió suspender la prohibición.

Es realmente inexplicable (solo una mezcla inverosímil de odio y estupidez humana puede hacerlo) que algunos portavoces socialistas, comunistas o separatistas hablaran de dinamitar la Cruz y la Basílica en nombre de la *Memoria Histórica*.

2011, 20 DE NOVIEMBRE: NUEVA VICTORIA SIN ALAS DEL PP, LO QUE ESPAÑA PUDO SER...

A poco más de tres meses de la celebración en Madrid de la Jornada Mundial de la Juventud, que reunió a dos millones y medio de jóvenes en Madrid con el Papa Benedicto XVI, en las Elecciones Generales del 20 de noviembre de 2011, el PP obtuvo una mayoría absoluta. En su momento el PP había votado en contra y había prometido abolir la *Ley de Memoria Histórica* y la *Ley del Aborto*, introducidas hacía muy poco por los socialistas.

Los resultados electorales fueron los siguientes:

Partido	%	Diputados
PP	44.62	186
PSOE	28.73	110
IU	6.92	11
UPyD	4.69	5
CiU	4.17	16
AMAIUR	1.37	7
EAJ-PNV	1.33	5
ER	1.05	3
BNG	0.75	2
CC	0.59	2

En los dos años transcurridos desde entonces, Mariano Rajoy y sus colaboradores han demostrado no estar a la altura de las circunstancias.

Lo que España pudo ser:

En 1975 la renta per cápita española era ya el 81.3% de la media de los países miembros de la CEE. En 1985, al terminar la transición, había descendido al 70.8%.

La industria española representaba un 36% del PIB en 1975. En 2012 representa solo el 12%.

Las rentas salariales de 1975, de acuerdo con datos del BBVA, eran del 62.8% del índice de referencia en 1975, y han descendido al 44.2% hoy.

En 1975, el 10% más adinerado de la población española poseía el 26% de la riqueza nacional. Hoy, ese 10% más rico posee el 48%.

La deuda externa se multiplicó por cuatro en el mismo período.

En 1975, España e Irlanda tenían la misma renta per cápita. Hoy, la de Irlanda es un 29% superior a la de España.

No es un secreto que la España de las Autonomías no ha funcionado. Como dijo uno de sus más preclaros hijos: «Cuando en España se habla de reconciliación y de consenso, es que hay reparto de botín».

Suárez, un político simpático pero mediocre, y González, no menos mediocre, con las colaboraciones de rigor, han sido responsables del desaguisado actual.

Zapatero y Rubalcaba, con la colaboración (pasiva o activa) de Rajoy, no han hecho más que agravarlo.

En una conversación con amigos y colegas en 2004, poco después de la victoria inesperada del PSOE, se me escapó decir: «*Izquierda* rima con mierda» (con perdón). Lo que no dije entonces, pero debía haber dicho, es que *derecha* no rima con nada, que no se sabe si es peor.

El día que España vuelva a no ser «ni de derechas ni de izquierdas» (lo de *centro* fue en su momento un hábil subterfugio), volverá sin duda a ser libre, respetada y una.

Dios lo quiera.

2014, 23 DE MARZO: FALLECE ADOLFO SUAREZ

El 23 de marzo de 2014 fallece en Madrid, tras larga enfermedad, Adolfo Suárez González, el primer Presidente de Gobierno nombrado por el Rey. Su predecesor fue Carlos Arias Navarro, nombrado por Franco tras el asesinato de Carrero blanco, y su sucesor Leopoldo Calvo-Sotelo.
Muchos lo consideran el autor de la ruptura con el Régimen de Franco desde el Régimen de Franco, pero esa autoría, evidentemente, viene compartida por una parte con Don Juan Carlos de Borbón y por otra con figuras destacadas del Movimiento (Fernández Miranda), de la Iglesia (Cardenales Tarancón y Jubany) y del Ejército (Generales Díez Alegría y Gutiérrez Mellado).
Y desde fuera del Régimen por ETA, Tierra Lliure y el Partido Comunista.
Suárez fue Director General de RTVE del 14 de mayo de 1969 al 25 de junio de 1973. Fue Ministro Secretario Nacional del Movimiento del 13 de diciembre de 1975 al 6 de julio de 1976. Fue Presidente del partido Unión del Centro Democrático (UCD) de 1977 a 1981, y de Centro Democrático y Social (CDS), minoritario, de 1981 a 1982.

Su designación como Presidente de Gobierno por el Rey Juan Carlos de Borbón salió de una terna propuesta por el Consejo del Reino presidido por Torcuato Fernández Miranda.
La terna estaba compuesta por Gregorio López-Bravo, Federico Silva Muñoz y Adolfo Suárez González.

*****

Las tres muertes de Adolfo Suárez

por Federico Jiménez Losantos

Todo en la muerte de Suárez está resultando tenebrosamente metafórico. Para empezar, nunca una "muerte inminente" como la anunciada por su hijo ha sido menos inminente o simplemente rápida. Para continuar, a todos los efectos, Suárez había dejado de existir entre el último año de Aznar y el primero de Zapatero, el inaugurado con la masacre impune del 11M. Y para terminar, el régimen constitucional de 1978, del que fue actor esencial, está muerto precisamente desde ese año 2004 en que su mente se eclipsó definitivamente. Por eso, el acabamiento de Suárez no es sólo el del final de una época sino el del final de su gran éxito, el del régimen democrático que, después de una Transición que hoy se antoja milagrosa, ayudó a traer a España. Suárez ha muerto cuando hace tiempo que murieron su talento y su obra política. Y van a celebrar sus exequias los enterradores de lo que, más allá de cualquier valoración, es su legado: el régimen constitucional del 78.

Cualquiera podría haber hecho la Transición, aunque, lógicamente, nadie la hubiera hecho como Suárez. El guión estaba escrito por Carrero Blanco, la mano derecha de Franco, desde treinta años atrás, cuando diseña el futuro como una monarquía que asegurase los valores esenciales del franquismo. No la continuidad del régimen, que de hecho, había cambiado mucho ya en vida del Dictador. Muy poco se parece el régimen de la primera parte de la dictadura a la segunda, que empieza con el Plan de Estabilización de 1959 y la liberalización de aspectos sustanciales de la economía; y menos aún se parece la España de los 40 a la de mediados de los 70, al morir Franco.

El diseño de Carrero, con el Rey como clave de continuidad y cambio del régimen, estaba apoyado por el Opus de López Rodó y otros lópeces, y, en última instancia, por el propio Franco, que pese a las presiones familiares y políticas nunca pensó en otro rey que Juan Carlos. El cambio lo ejecutó Suárez con guión de Torcuato Fernández Miranda, pero el que seguramente iba a hacerlo, Herrero Tejedor –mentor de Suárez-, hubiera cumplido bien cualquiera de las dos funciones, en el Gobierno o en las Cortes. Arias Navarro y Rodríguez de Valcárcel fueron obstáculos algo absurdos en un camino claramente trazado desde el franquismo y que, en realidad, era el único posible para un cambio de régimen incruento y sin revanchismos guerra civilistas. O sea, los del PSOE miserable de Zapatero cuando Suárez empezó a morir.

Con el éxito del Referéndum para la Reforma Política, su triunfo electoral en 1977, la redacción y votación de la Constitución en 1978 y las elecciones y nueva victoria de 1979, Suárez consiguió pasar de Secretario General del Movimiento (el partido único de Franco) en 1976 a Presidente del Gobierno democrático en 1977 y constitucional en 1979. En sólo tres años prodigiosos, al principio junto al Rey y el grueso del franquismo y, después, en consenso con AP, el PCE y el PSOE, Suárez logró un milagro.

Lo que no pudo es sobrevivir a él. Desde 1979, el PSOE, el Ejército, su propio partido y, sobre todo, el Rey, que pasó de padrino a enemigo, conspiraron incansablemente para echarlo del poder. Suárez estaba convencido de que sólo podían hacerlo mediante un golpe de Estado pero que ese golpe de Estado acabaría fatalmente con la democracia. Y entonces se produjo el segundo milagro, el más importante: el falangista Suárez, el que se definía como "un chusquero de la política", el que según el PSOE "pretendía entrar a lomos del caballo de Pavía en las Cortes," demostró, frente al Rey, los partidos y los poderes fácticos, que él sí creía en la soberanía nacional y en la democracia. Y dimitió, en sus propias palabras, "para que la democracia no fuera un paréntesis en la historia de España".

No lo fue, aunque el golpe contra Suárez, teledirigido, entre otros, por el Rey, ya no se podía parar. Pero en el lío del 23-F orquestado por el CESID se perdió la pista, si no de su valor físico ante los golpistas, que ha quedado grabado para siempre, sí del valor político ante el golpismo de Adolfo Suárez. Yo creo que hasta Suárez, en su andadura al frente de un nuevo partido, el CDS, perdió de vista su propio valor. No era un hombre de ideas, pero sí de valores. No mantuvo fidelidades pero sí lealtades. No fue un político genial, pero abordó con genio la tarea política más difícil del siglo XX: enterrar en libertades, en democracia, la Guerra Civil. Fue, sencillamente, un español de su tiempo, pero un buen español. Y nuestro tiempo, y la España que aún nos queda, le deben recuerdo y consideración.

*****

MIS RECUERDOS Y CONTACTOS CON ADOLFO SUÁREZ

por Blas Piñar

(Fundador de Fuerza Nueva, político, notario y escritor, que falleció el 28 de enero de 2014)

La reforma política, es decir la Transición, fue acompañada, por la eclesiástica y la castrense. La concurrencia de la tres, según mi punto de vista, no fue casual. Las tres coincidieron para cumplir con un objetivo que no era solo el de poner fin al régimen político que tuvo su origen en el Alzamiento del 18 de Julio de 1.936, sino el de descristianizar y degradar a la sociedad y abrir, con alguna cautela, pero sin descanso, a quienes pretendían y pretenden ahora, con escasas dificultades, mutilar o deshacer la unidad de España y cambiar su identidad histórica. Me he ocupado en otras ocasiones de la tres reformas coincidentes. Ahora me limito a recordar, en el marco de la política, a quien desempeñó para lograrla, un puesto decisivo. Me refiero a Adolfo Suárez.

No conozco bien su carrera profesional, y solo sé que opositó, sin obtener éxito, a Jurídico de la Armada. Lo que conozco, que es lo que importa destacar, es su carrera política. Comenzó siendo secretario particular del Gobernador civil y Jefe provincial del Movimiento, en Sevilla, Hermenegildo Altozano, con el que hizo amistad en el despacho de Fernando Herrero Tejedor, cuando éste era Vicesecretario General del Movimiento.

Luego, Adolfo Suárez fue Gobernador y Jefe provincial de Movimiento, en Ávila, Director general de Radio y Televisión en el Ministerio de Información y Turismo, Vicesecretario, y, después, Ministro –Secretario del Movimiento, y, por último, presidente del Gobierno (después de Carlos Arias) ya instaurada la Monarquía. Le conocí personalmente cuando era Director general y yo Notario de Madrid. Tratándose de documentos que precisan de la fe pública, y que deben de otorgar las Administraciones, éstas tienen que solicitar de los Colegios Notariales correspondientes al Notario de turno para que los autorice.

Por dicha exigencia me correspondió a mí autorizar uno de esos documentos en el Ministerio de Información y Turismo. Se trataba de un tema vinculado a la Dirección General a cuyo frente se hallaba Adolfo Suárez. La conversación no profesional, fue cordialísima. Adolfo Suárez estuvo simpático y amable conmigo.

Los encuentro con Adolfo Suárez fueron escasos, pero los enfrentamientos, aunque pocos, muy importantes, porque fueron ideológicos y tácticos.

Para contribuir a su clarificación, aludo, en principio, a una reunión del Consejo Nacional de Movimiento, convocada después de la muerte de Franco. Era preciso cubrir por cooptación dos vacantes de Consejero. Así estaba legalmente previsto ya que aún no se había promulgado la Constitución.

José Antonio Girón de Velasco tomó la palabra y nos dijo que parecía conveniente, y hasta necesario, que el Secretario general del Movimiento fuera Consejero nacional, y que no siéndolo Adolfo Suárez debíamos nombrarle, para cubrir una de las dos vacantes. El argumento era fuerte y quien lo esgrimía una personalidad política leal a Franco y de enorme prestigio e influencia.

Por eso, sin duda, captó la voluntad de casi todos y Adolfo Suárez resultó elegido. Tuve la presunción –y tenía algunos motivos para ello- de que este nombramiento facilitaría la Transición. No le voté. Mi voto fue para el General de aviación José Ramón Gavilán y Ponce de León, un auténtico caballero, que fue segundo jefe de la casa militar del Caudillo. Estoy seguro de que Girón de Velasco, pensó, o le hicieron pensar, que contando con Adolfo Suárez, la Transición, llamada reforma, no sería la que se llevó a cabo.

El propio Adolfo Suárez demostró que no me equivoqué. El lector podrá convencerse teniendo a la vista lo que dijo con respecto a Franco, antes, y después de que este falleciera.

Ataviado con camisa azul, se expresó así al tomar posesión de la Vicesecretaría General del Movimiento:

"se trata de continuar la ingente labor del Caudillo (y pongo de manifiesto) mi lealtad a un Régimen nacido de la necesidad de recuperar la identidad nacional del país y su legitimidad como Estado que, encabezado por el general Franco, ha sabido dar respuesta en circunstancias cambiantes y desde luego no fáciles, al reto de mantener unido su destino como país, acelerar su progreso y posibilitar su vida democrática. Te pido, ministro secretario, que hagas llegar al Jefe Nacional de Movimiento mi gratitud por su generosa designación y especialmente el testimonio de lealtad de este español de filas que aprendió en la dureza de su tierra abulense a ser fiel a la palabra dada y estricto cumplidor de sus obligaciones".

En esa misma línea de pensamiento, Adolfo Suárez, a la muerte de Franco, se pronunciaba así:

"El paso de los siglos no borrará el eco de su nombre, unido siempre al recuerdo de una justicia social y un progreso como nunca antes conociera nuestra patria. Con él logró España ser una, grande y sobre todo libre de cualesquiera fuerzas extrañas a sus propios designios. La obra de Franco perdurará a través de las generaciones". (El Alcázar, 21 de Noviembre de 1975).

Antes del referéndum de 15 de Diciembre de 1978, convocado para aprobar la Constitución, dirigiéndose, sin duda al franquismo sociológico, habló así :"no ignoramos nuestro inmediato pasado, el construido por la excepcional figura de Franco, (y lo) asumimos con responsabilidad y recogemos su herencia para perfeccionarla".

Pues bien, a pesar de estar reiteradas manifestaciones de fidelidad a Franco y de su carrera política deslumbrante en su régimen, en el diario italiano "La República" hizo saber lo que sigue: "España está saliendo gradualmente, pero con absoluta firmeza, de la larga y triste vicisitud de la dictadura".

Para liquidar la "dictadura", en la que tuvo cargos tan relevantes, Adolfo Suárez, jefe del Gobierno de la Monarquía parlamentaria, antes de que la Constitución de 6 de Diciembre de 1.978 se aprobase en referéndum, inició la tarea liquidataria del Régimen. Frívolamente, en la Cámara legislativa, habló de desdramatizar la situación realmente dramática que vivía España, pidiendo que se legalizase lo que estaba en la calle, incluso a los partidos políticos, entre ellos el comunista, dando paso a las preautonomías, y concediendo el voto en las elecciones a partir de los dieciocho años.

Convocadas las elecciones generales, que tuvieron lugar el 15 de Septiembre de 1.977, Adolfo Suárez, sin inconveniente por parte de la corona, no respetó la incompatibilidad, legal entonces, de ser candidatos los que formaban parte del gobierno, sosteniendo que la misma afectaba a los ministros pero no al presidente del Consejo.

Otro encontronazo tuvo lugar en la Cámara legislativa cuando defendí mi enmienda a la totalidad del proyecto de ley para la reforma política, que se había publicado en el boletín Oficial del las Cortes del 21 de Octubre de 1.976. Era jefe del Gobierno Adolfo Suárez, cuyo nombre para serlo, se incluyó, a petición del rey, en la terna que debía presentarle el Consejo del Reino. Del debate, y, por tanto, de mi intervención, hay constancia literal y escrita, en el mencionado Boletín, y en el primer volumen de mi libro "Escrito para la Historia". Uno y otro -debate e intervención- tuvieron enorme resonancia en la prensa. Tuve la impresión de que mi discurso, muy aplaudido, fue casi unánime. La sesión fue suspendida, aunque se reanudó poco después. En los pasillos, Adolfo Suárez me felicitó dos veces en término efusivos. Pero una cosa son los aplausos y otras los votos. El proyecto de ley tuvo 425 votos a favor, y 59 en contra. Las abstenciones fueron 13 y no estuvieron presentes 34 diputados.

Finalizo mencionando a Sigfrido Hillers de Luque. Coincido con su opinión-diagnóstico-dictamen que hace en uno de sus libros, y en un artículo publicado en "La Nación", de 12 de Abril a 9 de mayo del año 2.000:

"El régimen jurídico-político de Franco, no se hundió a la muerte de Franco....fue dinamitado (en una) voladura controlada por (sus) antiguos ministros (como por ejemplo) Adolfo Suárez".

Franco debió preverlo en su último mensaje escrito, que vale la pena reproducir: "No olvidéis que los enemigos de España y de la civilización cristiana están alerta. Velad también vosotros, y para ello deponed, frente a los supremos intereses de la Patria y del pueblo español, toda mira personal". Esos enemigos están ganando la batalla ¿Quiénes la han facilitado con la quiebra de su juramento, con el olvido o descalificación de la Cruzada, con su voto en las elecciones o con su falta de unidad para defender los valores innegociables?

*****

Homilía del Emmo. y Rvdmo. Sr. Cardenal-Arzobispo de Madrid
Misa de Exequias por el Excmo. Sr. D. Adolfo Suárez

Catedral de La Almudena, 31.III.2014, 19'00 horas
(2 Cor 5,14-20; Jn 12,23-26)

Mis queridos hermanos y hermanas en el Señor:

1. Los restos mortales de nuestro hermano Adolfo (q.e.g.e.) descansan ya en el Claustro de la Catedral de Ávila, la ciudad de Teresa de Jesús, aquella santa castellana que "moría porque no moría". Morir por el verdadero amor y morir amando de verdad es señal inequívoca de la fecundidad de una vida comprendida y cumplida a la luz del Misterio de Aquél que *"murió por todos para que los que viven ya no vivan para sí, sino para el que murió y resucitó por ellos"* (2 Cor 5,15). El Misterio de Cristo, Hijo del hombre e Hijo de Dios, es el Misterio del Amor de Dios al hombre, el Misterio del amor más grande, del que hacemos memoria en esta celebración eucarística por nuestro querido hermano Adolfo, cuya vida al servicio de España nos resulta inexplicable sin la recuerdos de su larga, limpia y generosa trayectoria en esta hora de la prueba decisiva, que es la muerte, y al hacerlos presentes en la memoria eucarística, ¿no se nos impone el convencimiento de que a él también le apremiaba el amor de Cristo, del que hablaba San Pablo a los fieles de Corinto? Su familia, sus queridos hijos y nietos, dirán sin vacilar: ¡que sí!

2. Su plegaria es hoy nuestra plegaria, la plegaria de la Iglesia en España. ¡Es la plegaria de España! Lo confirman la presencia en esta Santa Misa de Sus Majestades los Reyes, de sus Altezas Reales los Príncipes de Asturias, de los representantes de las más altas instituciones del Estado, de numerosos fieles, ciudadanos de Madrid y procedentes de otros lugares de la geografía patria, y de los que están siguiendo la ceremonia por las pantallas de televisión. Son el eco y el testimonio emocionado de profundos y nobles sentimientos de aprecio, estima y gratitud sinceras para

con aquella persona que sirvió a los españoles con rectitud y fortaleza ejemplares en uno de los momentos más cruciales y delicados de su historia contemporánea. Es la nobleza de corazón de tantos creyentes y de tanta gente sencilla y de buena voluntad que se expresó espontáneamente desfilando en largas e interminables colas ante su cadáver para rendirle un último homenaje de reconocimiento a su persona y que se manifiesta, sobre todo ahora, en la oración por él y, ¿cómo no?, también por España. El Papa Francisco nos han llamado reiteradamente la atención sobre el valor de la fe del pueblo sencillo para acertar en el discernimiento de lo que hay de verdad y de bien en las personas y en los acontecimientos que marcan los caminos de la historia. Es esa conciencia sana de las almas sencillas la que ha atisbado y juzgado con acierto que, para comprender y valorar el significado más profundo de lo que sostuvo la vida y de lo que ha sido la muerte del que fue Presidente del Gobierno Español durante casi un lustro, D. Adolfo Suárez, no se pueden olvidar las palabras de Jesús cuando aseguraba a sus discípulos: *"que si el grano de trigo no cae en tierra y muere, queda infecundo; pero si muere, da mucho fruto"* (Jn 12,24).

3. *"No valoramos a nadie según la carne"* (2 Cor 5,16), decía San Pablo de sí mismo. La tentación de juzgar la vida de las personas y de la propia existencia "según la carne" es muy poderosa. Había vencido incluso al propio Pablo, "el Apóstol de los Gentiles", a la hora del reconocimiento de quién era y de qué significaba Cristo para él y para el hombre de todos los tiempos y lugares. *"Si alguna vez juzgamos a Cristo según la carne – confiesa él–, ahora ya no"* (2 Cor 5,16). Huir del juicio imprescindible apertura de la mente y del corazón para admitir y aceptar nuestra deuda con nuestro hermano Adolfo, llamado ya por el Señor de la vida y de la muerte a su presencia, y para enfrentarnos honradamente con las consecuencias personales y colectivas que debiéramos extraer de la experiencia de las circunstancias tan complejas, duras y dolorosas que enmarcaron su vida y rodearon su muerte. Mirando al bien de España, a su presente y a su futuro:

- La concordia fue posible con él. ¿Por qué no ha de serlo también ahora y siempre en la vida de los españoles, de sus familias y de sus comunidades históricas? Buscó y practicó tenaz y generosamente la reconciliación en los ámbitos más delicados de la vida política y social de aquella España que, con sus jóvenes, quería superar para siempre la guerra civil: los hechos y las actitudes que la causaron y que la pueden causar.

- Su vuelta a una vida de familia más intensa, dedicada al cuidado tierno y sacrificado de la esposa y de los hijos, después de la retirada dolorosa de la vida pública, y el asumir el largo tiempo de la propia enfermedad, humanamente hablando tan oscuro, haciendo propio el dicho de Jesús –*"El que se ama a sí mismo se pierde, y el que se aborrece a sí mismo en este mundo se guardará para la vida eterna"* (Jn 12,25)– nos ha dejado un testimonio ejemplar y, en su prolongado silencio, una advertencia elocuente de cuáles son y deben ser los auténticos y fundamentales valores, los absolutamente necesarios, si se aspira a edificar un tiempo nuevo para la esperanza de nuestra sociedad y de cualquiera otra. En una palabra, si se quiere vivir, y ayudar a vivir a sus jóvenes generaciones en libertad, justicia, solidaridad y paz.

- La forma sobrenatural de su aceptación y de su vivencia del sufrimiento en la difícil y heroica temporada de la enfermedad de su hija y de su amada esposa y en los años crueles de la propia, que él asumió enteramente, hablan de un hombre de arraigada y profunda fe cristiana, muy consciente de que siguiendo y sirviendo a Cristo hasta la Cruz estaría con Él y con sus hermanos, amando en el tiempo y en la eternidad. *"El que quiera servirme –decía el Señor– que me siga, y donde esté yo, allá también estará mi servidor; a quien me sirva, el Padre lo premiará"* (Jn 12,26). ¡Una buena y hermosa lección para los católicos de esta España de hondas raíces cristianas llamados con urgencia histórica a ser y servir de fermento de nueva humanidad en medio de sus compromiso del amor cristiano con la sociedad y con el pueblo al que pertenecen!

4. Son –¡somos responsables!– de que una gran tradición espiritual, que ha configurado en decisiva medida la historia del alma de España – ¡su historia interior!–, no solo no se pierda, sino que renazca como esa "nueva criatura" de la que hablaba

San Pablo a los Corintios: *"El que es de Cristo es una criatura nueva. Lo antiguo ha pasado, lo nuevo ha comenzado"* (2 Cor 5,17). Sí, para nuestro hermano esperamos y pedimos fervientemente al Señor Resucitado que lo nuevo, la verdadera y eterna gloria, haya comenzado ya y que la inmarchitable novedad de Cristo vuelva a florecer en España. El Papa Francisco nos ha puesto a los católicos ante el desafío de ser "Iglesia en salida". Lo seremos si estamos dispuestos a ser testigos fieles y consecuentes de lo que el Beato Juan Pablo II llamaba *"el Evangelio del amor de Dios al hombre, el Evangelio de la dignidad de la persona humana y el Evangelio de la Vida (que) son un único e indivisible Evangelio"* (cfr. *"Evangelii Gaudium"*, 19 y ss.; y *"Evangelium Vitae"* 12).

5. La Virgen María, la Madre del Señor y Madre nuestra, que ha engendrado en su seno purísimo al Hijo de Dios para que *"el hombre viejo"* pudiera transformarse en *"un hombre nuevo"*, llamado a su Gloria, quiera acompañar nuestra plegaria en esta Eucaristía por nuestro querido hermano Adolfo y por España: ¡Ella que es la Madre del Amor Hermoso!

Amén.

2014, 2 DE JUNIO: ABDICACIÓN DE JUAN CARLOS I DE BORBÓN. DESIGNACIÓN DE FELIPE VI COMO SUCESOR

La Constitución de 1978 atribuye al rey un papel meramente representativo. Esos papeles representativos pueden, en ocasiones cobrar un protagonismo inesperado, como en el crisis de la IV República Francesa, en 1958, cuando Rene Coty, Presidente de Francia, llama al General De Gaulle a formar gobierno y éste funda la V República sobre bases constitucionales y electorales distintas.

Don Felipe de Borbón, tras la abdicación de su padre, va a recibir una España mucho más fragmentada y débil de la que recibió don Juan Carlos en 1975.

De momento, la repentina profusión de banderas tricolor en lakl Puerta del Sol solo significa que hay mucho descontento, sobre todo entre amplios sectores de la juventud que, ante el deterioro general provocado en buena parte por la izquierda (con la colaboración sin duda de la derecha conservadora y liberal) solo piensa, ingenuamente, que la solución está en votar aún más a la izquierda.

Las recientes Elecciones Europeas, celebradas bajo una circunscripción única y con una abstención del 55% no son verdaderamente representativas de la opinión pública.

Los cinco representantes conseguidos por "Podemos", que se declara republicano (¡y heredero de la 2ª República!) quedarían reducidos a uno en unas Elecciones Generales con cincuenta circunscripciones provinciales y una abstención del 20%. Pero por algo se empieza.

Tanto una Monarquía verdaderamente representativa y tradicional, como una República nacional, sin veleidades anticatólicas e izquierdistas, podrían volver a poner a España en el buen camino.

Pero gran mayoría de los jóvenes de hoy no quiere que le recuerden la historia reciente de España.

Hacen mal: solo si aprenden las lecciones del pasado podrán ganar un futuro mejor para España y para ellos mismos. Si la 3ª República va a ser la heredera de la 2ª, que fue un desastre sin paliativos, y de la 1ª, que en un año tuvo cuatro presidentes (Figueras, Pi y Margall, Salmerón y Catelar), apaga y vámonos. El primero de ellos, Figueras, en un momento dado cogió un tren en la Estación del Norte y se fugó a París, sin despedirse de nadie. La extrema izquierda (IU, Podemos y demás compañeros de viaje) es incorregible: ¿Será posible que hoy nos pongan como referente a los españoles la Cuba de Fidel Castro o la Venezuela de Hugo Chaves?

Lamentablemente, muchos jóvenes españoles, hoy, no quieren saber nada de la Guerra Civil, de los años de la Segunda Guerra Mundial, del cerco internacional al que se sometió a España, de su asombrosa recuperación. En otras palabras, de nuestra historia reciente.

Y el que no quiere saber nada de la historia está condenado a repetirla. Aunque, evidentemente la repetición nunca sea idéntica a la edición anterior.

CONSIDERACIONES FINALES

Tomemos a España en su contexto europeo.

En Europa hay repúblicas de inspiración laica, como Francia, y repúblicas de inspiración cristiana, como Irlanda, Polonia, Hungría y hasta cierto punto Italia.

Y hay monarquías de inspiración más o menos cristiana como Bélgica, Holanda, Inglaterra y los países nórdicos.

¿Por qué se ha empeñado la izquierda europea y la española en que España, bajo la República o bajo la Monarquía, tiene que ser laica y acatólica?. Probablemente España es el único país europeo donde hoy en día más de un millón de fieles va a misa todos los días (al año, sea a un funeral, un bautizo, una boda o una primera Comunión van a una iglesia el 85 % de los españoles o más) Muchos más que todos los socialistas, comunistas y anarquistas juntos que van un año cualquiera a un mitin de un 1º de mayo.

La tónica católica del país está en baja, cierto, pero nadie es capaz de predecir con certeza el futuro a largo plazo.

"Predecir" el pasado es fácil. No tan fácil es contarlo bien. Más difícil es diagnosticar el presente. Y mucho más prever el futuro.

El nuevo rey no lo va a tener nada fácil. Pronto tendrá oportunidad de demostrar si está dispuesto a defender en serio la unidad de España y su identidad histórica. Por el momento, la mayoría de los españoles estamos dispuestos a darle un margen de confianza.

*****

Le he pedido a mi hermano Manolo una opinión sobre

"España 1931-2014...". Él conoce muy bien la gestación de la Constitución vigente como Letrado de las Cortes en el periodo constituyente. Su amor a España y a su identidad católica corren parejos con su amor a la verdad.

A continuación en mis propias palabras hago un resumen de su respuesta.

Este ensayo, "España 1931-2014", me dice, presenta una síntesis política-histórica de los últimos ochenta años de la historia de España y va dirigido principalmente, a esa mitad de los españoles jóvenes que en buena parte la desconoce porque no la ha vivido.

El innegable éxito económico de estos años contrasta , no obstante, con la pérdida de valores que hoy se echa en falta por todos.

Como testigos de la Historia – en ambos mundos, Europa y América – el pasado nos condiciona personal y profesionalmente incluso en el terreno ético. La Historia tiene por objeto - en opinión que comparto - no tanto la narración de los hechos y pensamientos del pasado como aquellas ideas del pasado que permanecen vivas. Seamos o no conscientes de ello, esas ideas están condicionando el tiempo presente, nuestra historia más real, y los proyectos para el porvenir.

La gran creación de los últimos cuarenta años ha sido la Constitución de 1978 y su protagonismo, compartido entonces por las fuerzas políticas con representación parlamentaria. Hoy ha pasado a ser el blanco de las invectivas de la mayoría.

Julián Marías (el centenario se cuyo nacimiento se cumple este año) dijo que la sociedad española fue pionera del universalismo propio de la Cultura Occidental y ha tenido uno de los proyectos más coherentes de convivencia política de la Historia. Y la Constitución tiene elementos que enlazan con ese proyecto. El artículo 10 hace de la dignidad humana el eje vital de la convivencia de los españoles y de su participación en la comunidad internacional.

Una quiebra parcial de coherencia se produjo con la falta de respeto a la vida de los niños no nacidos que la misma Constitución había proclamado.

La defensa de la vida de los no nacidos es una lucha abierta en pro de la persona humana, que tiene su línea de defensa, evidente, en la protección de los más débiles, como bien señaló de manera ejemplar Miguel Delibes.

*****

En siglos pasados, España fue baluarte europeo frente a la agresión islámica, luego frente la agresión relativista del protestantismo luterano y calvinista, y, muy recientemente, frente a la agresión soviética.

La juventud española no está obligada a contemplar pasivamente la decadencia de Occidente y la corrupción moral y espiritual generalizada. Para ello tiene un magnífico ejemplo en ese anciano polaco, eternamente joven, que supo vencer el mal con el bien: Juan Pablo II.

APÉNDICE:
JEFES DE GOBIERNO DE ESPAÑA: 1931-2014

1931-31 Niceto Alcalá Zamora
1931-33 Manuel Azaña Díaz
1933-33 Alejandro Lerroux García
1933-33 Diego Martínez Barrio
1933-34 Alejandro Lerroux García
1934-34 Ricardo Samper Ibáñez
1934-35 Alejandro Lerroux García
1935-35 Joaquín Chapaprieta Torregrosa
1935-35 Manuel Portela Valladares
1935-36 Manuel Portela Valladares
1936-36 Manuel Azaña Díaz
1936-36 Augusto Barcia Trelles
1936-36 Santiago Casares Quiroga

Gobiernos de la Guerra: Zona Roja
1936-36 Diego Martínez Barrio
1936-36 José Giral Pereira
1936-37 Francisco Largo Caballero
1937-39 Juan Negrín López

Gobiernos de la Guerra: Zona Nacional
1938-73 Francisco Franco Bahamonde

1973-73 Luis Carrero Blanco
1973-76 Carlos Arias Navarro
1976-81 Adolfo Suárez González
1981-82 Leopoldo Calvo-Sotelo Bustelo
1982-96 Felipe González Márquez
96-2004 José Mª Aznar López
2004-11 José L. Rodríguez Zapatero
2011-   Mariano Rajoy Brey

www.ingramcontent.com/pod-product-compliance
Lightning Source LLC
Chambersburg PA
CBHW071725090426
42738CB00009B/1878